Timon Menge

ADELE

Timon Menge

ADELE

ÜBER EINE POP-IKONE

riva

Bibliografische Information der Deutschen Nationalbibliothek
Die Deutsche Nationalbibliothek verzeichnet diese Publikation in der Deutschen Nationalbibliografie. Detaillierte bibliografische Daten sind im Internet über https://dnb.de abrufbar.

Für Fragen und Anregungen
info@m-vg.de

Wichtiger Hinweis
Ausschließlich zum Zweck der besseren Lesbarkeit wurde auf eine genderspezifische Schreibweise sowie eine Mehrfachbezeichnung verzichtet. Alle personenbezogenen Bezeichnungen sind somit geschlechtsneutral zu verstehen.

Originalausgabe
1. Auflage 2024

Türkenstraße 89
80799 München
Tel.: 089 651285-0

Redaktion: Selina Hartmann
Umschlaggestaltung: Sonja Vallant
Umschlagabbildung: GettyImages/Gareth Cattermole
Satz: Andreas Linnemann
Druck: GGP Media GmbH, Pößneck
Printed in Germany

ISBN Print 978-3-7423-2754-3
ISBN E-Book (PDF) 978-3-7453-2521-8
ISBN E-Book (EPUB, Mobi) 978-3-7453-2522-5

INHALT

VORWORT

Stille. Die Nadel gleitet auf die Platte. Knack. Knistern. Eine schnell geschlagene Gitarre. Es dauert ein paar Sekunden. Dann setzt sie ein: eine der größten Stimmen des 21. Jahrhunderts.

Obwohl der Song »Rolling in the Deep« schon mehr als zehn Jahre alt ist, bekomme ich beim Hören immer noch Gänsehaut. Der Minimalismus zu Beginn. Die archaischen Trommeln, die ab Sekunde 23 einsetzen. Das Piano, das den Song gemeinsam mit Adeles Stimme zu einem melodischen Meisterwerk heranwachsen lässt. Der Soul hat viele Heimatstätten. Doch als am 29. November 2010 diese Single erscheint, kommt er aus London.

»Rolling in the Deep« von Adeles zweitem Album *21* ist der Song, mit dem ihr der ganz große Durchbruch gelingt. Platz zwei in Großbritannien, Platz eins in Deutschland und vor allem: Platz eins und Multi-Platin in den USA. Quasi über Nacht steht die britische Sängerin an der Spitze der internationalen Popwelt und weiß kaum, wie ihr geschieht. Darf sie sich nun freuen? Sollte sie lieber Angst haben? Was wird der Ruhm mit sich bringen – und was nicht? Fragen über Fragen, die die junge Adele nicht zu beantworten weiß. Doch sie entscheidet sich trotz aller Ungewissheiten dazu, ihre Karriere weiterzuverfolgen.

Dabei erklimmt sie viele Höhen. Astronomische Verkaufszahlen, reihenweise Auszeichnungen, große Auftritte und erhabene Momente. Doch Adele durchlebt auch einige Tiefpunkte: Stimmprobleme, abgesagte Tourneen, Liebeskummer, Heimweh und Lampenfieber. Immer wieder kämpft sie mit der Tatsache, dass sie nicht für die Bühne geschaffen wurde, sondern erst lernen musste, im Rampenlicht zurechtzukommen.

Knack. Das Surren des Tonabnehmers. Wieder Stille. *21* ist vorbei – doch Adeles Karriere noch lange nicht.

In bisher 36 Lebensjahren und mehr als 15 Jahren im Musikgeschäft hat Adele viel erlebt, von ihrer Kindheit, als sie auf Dinnerpartys die Songs der Spice Girls zum Besten gibt, über ihre Zeit als Jugendliche mit Freunden im Brockwell Park im Süden Londons bis hin zu ihrem Status als 16-fache Grammy-Preisträgerin, die weltweit mehr als 120 Millionen Platten verkauft hat, immer wieder auf Zeitschriften zu sehen ist und mühelos das Wembley-Stadion ausverkauft. In einige dieser Geschichten möchten wir in diesem Buch eintauchen – und Adele ein bisschen besser kennenlernen.

EINFÜHRUNG

Wenn jahrelange Adele-Hardcore-Fans in diesem Buch noch ein bis zwei neue Dinge über ihren großen Star erfahren, freut mich das – aber das ist nicht der Anspruch. Denn diese Anekdotensammlung soll vor allem diejenigen abholen, die Adele gerne hören, aber noch keine Experten sind. Die mehr als nur die Songs aus dem Radio kennen, aber noch nicht wissen, wie »Chasing Pavements« entstanden ist. Die zwar den Text von »Skyfall« auswendig mitsingen können, aber noch nie von Sasha Carter gehört haben. Und die sofort zuschlagen, wenn ein neues Album von Adele erscheint, aber der Musikerin nicht zwingend nachreisen, wenn sie auf Tournee geht.

Das Schöne an Adeles Geschichte ist, dass viele Menschen sie nachfühlen können. Sie kommt nicht reich zur Welt, sondern im Londoner Stadtbezirk Tottenham, einem Hort der Arbeiterklasse. Sie entstammt keiner Bilderbuchfamilie, sondern wächst mit ihrer alleinerziehenden Mutter auf. Ihr Vater interessiert sich eher für das nächste Bier als für seine Tochter. Und selbst als Adele längst ein Superstar ist, fürchtet sie sich immer noch davor, auf die Bühne zu gehen, aus Angst, es könnte etwas schiefgehen.

Klar, zu Superstars werden die wenigsten und es ist der Aspekt in Adeles Leben, den viele sicher nicht nachfühlen können. Schon seit dem Beginn ihrer Karriere spricht die Sängerin offen darüber, dass das Leben als Prominente nicht nur Vorteile mit sich bringt. Die Augen der Welt sind auf die eigene Person gerichtet, aus freiwilliger Kreativität wird Erwartungsdruck und an jeder Ecke lauern Fotografen, die auf ein Bild von Adele oder ihrer Familie hoffen. All das nimmt sie in Kauf, um ihren Traum vom Leben als Sängerin verwirklichen zu können.

Auf den folgenden rund 100 Seiten werden wir Adele auf ihrem bisherigen Weg begleiten, werden ihr beim Schreiben ihrer ersten Hits über die Schulter schauen und bei der Oscar-Verleihung 2012 mit ihr jubeln. Wir werden herausfinden, warum sie Lena Meyer-Landrut einen Chart-Erfolg verdankt und warum sie nur einen Hundelaut herausbringt, als sie einen ihrer größten Stars kennenlernt. Außerdem werden wir uns einige der schwierigsten Momente in ihrer Karriere anschauen.

Wer an dieser Stelle eine vollständige Biografie erwartet, wird enttäuscht sein. Aber nach monatelanger Recherche und vielen, vielen Stunden mit Adeles Musik kenne ich sie nun noch besser – und daran möchte ich jede Leserin und jeden Leser dieses Buchs teilhaben lassen.

LANGE WACH

Wer wie Adele um die Jahrtausendwende herum aufgewachsen ist, hat vermutlich früher oder später im Leben die ersten Berührungspunkte mit dem Musikfernsehen gehabt. Bei der britischen Sängerin war es früher. Schon im Alter von vier Jahren darf sie bis 23:15 Uhr (!) wachbleiben, um die BBC-Fernsehsendung *Later... with Jools Holland* zu schauen, wahrscheinlich völlig übermüdet – aber glücklich. Denn die Show ist bekannt für ihre hochkarätigen musikalischen Gäste. Alice in Chains, Led-Zeppelin-Sänger Robert Plant, Leonard Cohen, Sting, Johnny Cash, Bonnie Raitt, Dusty Springfield, Metallica: Sie alle waren bereits in der Late-Night-Show zu Gast, genau wie viele weitere Künstlerinnen und Künstler. Durch das Programm führt seit dem 8. Oktober 1992 Jools Holland, eine Institution des britischen Musikfernsehens und selbst Musiker. Sein Format regelmäßig zu sehen, ist einer von Adeles frühesten künstlerischen Einflüssen. Was sie damals sicher noch nicht ahnt, ist, dass auch sie selbst einmal in der Sendung zu Gast sein wird – und zwar am 8. Juni 2007.

Anfang 2007. Adele hat gerade ihren ersten Plattenvertrag unterschrieben (dazu kommen wir später noch). Nun soll sie ihr Debütalbum abliefern, doch ihr fallen partout keine Songs ein. Auch eine Single von ihr gibt es bisher nicht. Umso ungewöhnlicher ist es, dass die Redaktion von *Later... with Jools Holland* bei der jungen Britin anruft und sie in die Sendung einlädt. »Wenn wir jemanden haben wollen, müssen wir ihn haben«, erklärt Alison Howe, die Produzentin der Show, die damals einige frühe Demo-Aufnahmen von Adele zu hören bekommt. Für sie reicht dieser kurze Eindruck, um über die Sängerin zu wissen: »Sie ist ein Klassiker. Sie passt nirgendwo rein und hat einfach eine großartige Stimme.«

Dass sie hier eigentlich nicht hingehört, denkt Adele wohl auch, als sie wenig später im Backstagebereich von Jools Holland sitzt und auf ihren Auftritt vor Millionen von Zuschauern wartet. Sie leidet unter starkem Lampenfieber, vor allem zu Beginn ihrer Laufbahn, also mag man sich gar nicht ausmalen, wie es ihr vor ihrem ersten landesweiten Fernsehauftritt gehen muss. Ihre Mutter Penny versucht noch, Adele zu beruhigen, doch die junge Musikerin bekommt kein einziges Wort raus. »Ich habe mir wahrscheinlich Sorgen gemacht, dass ich vom Stuhl falle oder es irgendwie anders verkacke«, erzählt sie später in einem Interview. Mutter Penny ist kein bisschen weniger nervös als ihre

Tochter. Schließlich wird ihr Baby gleich im Fernsehen auftreten.

Die Sorgen sind natürlich völlig unberechtigt. Als Adele auf die Bühne geht und den Song »Daydreamer« zum Besten gibt, ist sie zwar sichtbar nervös. So schließt sie zum Beispiel nicht die Augen, was sie sonst beim Singen immer tut. Doch das Publikum hört ihr gebannt zu. Und nicht nur das. Adele ist nicht die einzige Musikerin, die in der Sendung zu Gast ist. Auch Björk wurde eingeladen, ebenso wie – festhalten! – Paul McCartney. Der erste TV-Auftritt und dann gleich vor einem ehemaligen Beatle? Adele muss im Vorfeld tausend Tode gestorben sein. Doch »Macca« zeigt sich beeindruckt und lässt Adele nach ihrem Auftritt wissen: gut gemacht. So eine Geschichte kann auch nicht jeder erzählen.

Zu der isländischen Künstlerin Björk hat Adele eine ganz besondere Bindung, denn von Björk stammt eins der ersten Alben, das Adele bewusst gut findet: *Debut* von 1993. Der Titel ist irreführend, denn eigentlich stammt Björks erstes Album bereits aus dem Jahr 1977. Sie ist damals erst 13 Jahre alt. Doch so richtig wahrgenommen wird die extravagante Musikerin erst zu Beginn der Neunzigerjahre.

Adele darf (oder muss, wie man es auch nimmt) am 8. Juni 2007 also vor gleich zwei Musikern performen, zu denen sie aufschaut – und sie anschließend auch noch treffen. Ein gelungener Einstand. In einem Interview verrät sie: »Ich konnte nicht aufhören zu heulen.« Natürlich vor Freude.

Mit Müdigkeit hat sie an jenem Abend wohl nicht zu kämpfen, denn sie ist schon lange nicht mehr vier, sondern inzwischen 19 Jahre alt. *19* wird auch der Titel ihrer ersten Platte sein und das Album wird sehr von ihrem Auftritt bei *Later... with Jools Holland* profitieren. Doch bei dieser Geschichte sind wir noch lange nicht.

SPICE GIRLS

Ein kampflustiger Gesichtsausdruck, ein weiß-rosafarbener Seidenpyjama, die Hand zur Siegerfaust geballt: So posiert die ungefähr zehnjährige Adele als Kind für ein Foto. Im Hintergrund unzählige Poster von Melanie Brown, Emma Bunton, Geri Halliwell, Victoria Beckham und Melanie Chisholm, besser bekannt als die Spice Girls. Am 5. November 2018 teilt Adele dieses nostalgische Bild in den sozialen Medien, mit der Beschreibung: »HA! So fühle ich mich gerade! ICH BIN BEREIT!« Der Grund für Adeles Euphorie: Ihre absolute Lieblingsband hat gerade eine Reunion-Tour angekündigt.

Nach 21 Jahren wird die britische Musikerin ihre Idole Baby Spice, Scary Spice, Sporty Spice und Ginger Spice endlich wieder auf der Bühne performen sehen – einzig Posh Spice (Victoria Beckham) ist bei der Konzertreise nicht dabei. Der Andrang auf die Tickets ist riesig: Zum Verkaufsstart versuchen über 700 000 Fans gleichzeitig, Karten zu ergattern. In wenigen Minuten sind die Termine restlos ausverkauft. Adele gehört natürlich zu den glücklichen Superfans, die sich über ein Ticket freuen dürfen. Immer wieder betont sie in Interviews, die Spice Girls hätten sie mit zu der Person gemacht, die sie heute ist. Doch was genau ist es, das einen Superstar wie Adele wieder zum kleinen Mädchen werden lässt?

Adele betritt die »Spiceworld« im Alter von rund acht Jahren und fühlt sich dort sofort wohl. Es ist die kompromisslose und ermutigende Atmosphäre, die die Spice Girls ihren Fans vermitteln, die bei der jungen Adele große Begeisterung auslöst. »Es war ein großer Moment für mich, als sie ihr Debüt gegeben haben«, erklärt die Sängerin viele Jahre später im Interview mit James Corden. Neben den eingängigen Songs und coolen Posen der jungen Frauen identifiziert sich Adele auch mit den Leitsätzen, die die Band vertritt: Sei stark! Hilf deinen Freundinnen, und lass dir auch von ihnen helfen! Sag, was du denkst! Das sind nur drei der Regeln, die die Girls in ihrem *Rule Book* festhalten.

1996 markiert *das* Jahr der Girlband. Ihr Über-Hit »Wannabe« läuft im Radio rauf und runter und schafft es in 37 Ländern auf Platz eins der Charts. »Wir dachten: Wenn niemand den Song mag, haben wir noch andere Asse im Ärmel«, erzählt Spice Girl Geri Halliwell. »Aber das war der eine, den wir veröffentlichen wollten.« Die Single verkauft sich weltweit über sieben Millionen Mal und setzt ein deutliches Zeichen für Girl Power.

Adeles Fanliebe für die Spice Girls kennt keine Grenzen. Sie lernt alle Songtexte auswendig und hat beinahe jeden Merchandise-Artikel zuhause. Besonders angetan hat es ihr Geri, auch bekannt als Ginger Spice. Adele möchte genau so cool und selbstbewusst sein wie ihr Idol. Und sie weiß jetzt: Auch sie möchte Entertainerin werden.

Ihren ersten Herzschmerz erlebt Adele, als Geri die Band im Jahr 1998 verlässt. Mehr noch: Adele ist über diese Entwicklung derart schockiert, dass sie ihr Outfit für das Spice-Girls-Konzert noch einmal völlig über den Haufen wirft. Ursprünglich hatte sie nämlich vorgehabt, im Ginger-Spice-Look zu gehen, doch nach Geris »Verrat« wechselt Adele die Fronten und erklärt von nun an Sporty Spice zu ihrem Lieblings-Bandmitglied. »Ich habe Geri das nie verziehen«, erklärt Adele in einem Interview.

Adeles Vater Mark kann mit der Begeisterung seiner Tochter nicht viel anfangen: »Ich habe immer gesagt, dass ich die Band furchtbar finde, richtig scheußlich.« Auf die bedingungslose Unterstützung ihrer Mutter kann sich Adele allerdings verlassen, wie immer. Penny ist sogar derart beeindruckt von der Musikliebe ihrer Tochter, dass sie mit ihr kleine Konzerte veranstaltet. Wann immer die beiden Besuch haben, schauen die Gäste auch in Adeles Zimmer vorbei, um sich einen Auftritt der Mini-Diva anzusehen. Inmitten von Stofftieren und Spielzeugen pferchen sich die Erwachsenen auf Adeles Kinderbett und staunen nicht schlecht, als sie ihre unvergleichliche Stimme hören. Und während Adele ihre Gesangskünste zum Besten gibt, sorgt Mama Penny für die perfekte Ausleuchtung ihres Bühnenstars. »Meine Mutter ist sehr kreativ«, erzählt Adele. »Sie hat eine Menge Lampen zusammengebaut, damit sie zu einem großen Spotlight werden.«

Als die Spice Girls im Jahr 2001 eine Pause ankündigen, wird es lange Zeit still um die Band. Damals dürfte Fangirl Adele nicht davon zu träumen gewagt haben, ihre Idole irgendwann noch einmal live sehen zu können. Umso größer ist die Begeisterung 18 Jahre später, als die Spice Girls tatsächlich wieder auftreten. Im Juni 2019 besucht Adele das letzte Konzert der Reunion-Tour im Londoner Wembley-Stadion. »Ich habe geweint, gelacht, geschrien, getanzt, in Erinnerungen geschwelgt und habe mich wieder in mein zehnjähriges Ich verliebt«, schreibt die Sängerin anschließend auf Instagram. Und nicht nur das: Sie darf die Spice Girls sogar höchstpersönlich treffen und ergattert ein Selfie mit ihrem Vorbild Geri Halliwell. Fangirl bleibt eben immer Fangirl.

VORBILDER

Selbst eine Ausnahmesängerin wie Adele fällt nicht einfach vom Himmel. Über ihre Bindung zu Björk haben wir bereits gesprochen, genau wie über ihre innige Liebe zu den Spice Girls. Doch das sind noch längst nicht alle Künstlerinnen und Künstler, die Adele zu der Sängerin formen, die sie heute ist. Zwei Frauen spielen in ihrer Geschichte eine ganz besondere Rolle. Vorher übt der Lifestyle ihrer Eltern einen großen Einfluss auf sie aus.

Schon als Adele noch klein ist, wiegt Vater Mark sie mit zeitgenössischen Popsongs in den Schlaf. Mutter Penny geht sogar noch einen Schritt weiter. Sie hat einen sehr modernen Musikgeschmack und nimmt ihre Tochter mit zu allerhand Konzerten. 1993 zum Beispiel, als Adele gerade einmal fünf Jahre alt ist, fahren Mutter und Tochter zum Popfestival *Great Xpectations* im Finsbury Park. Dabei handelt es sich um eine eintägige Benefizveranstaltung, bei der unter anderem Damon Albarn und Graham Coxon von der Britpop-Band Blur auftreten. Adele fühlt sich wohl in dem Trubel und erlebt mit diesem Festivalbesuch etwas Großartiges, das vielen Kindern ihres Alters verwehrt bleibt.

1997, Adele ist nun acht, reist Penny mit ihr zum *Glastonbury Festival,* das seit 1970 stattfindet und zu den größten Festivals der Welt zählt. Klar, man kann durchaus darüber streiten, ob das der richtige Ort für eine Achtjährige ist. Man kann sich aber auch einfach darüber freuen, dass Adele auf dem Festival viele zeitgenössische Musik-Stars bestaunen darf, etwa The Prodigy, Radiohead, Massive Attack, Sting, die Chemical Brothers und die Smashing Pumpkins. TV-Moderator Jools Holland und sein Rhythm And Blues Orchestra sind auch da, aber das nur am Rande.

Ein weiterer wichtiger musikalischer Meilenstein in Adeles Leben ereignet sich noch im selben Jahr. Sie ist nach wie vor acht Jahre alt und als ihr Stiefvater Simon eines Tages nach Hause kommt, hat er zwei Geschenke dabei: für Adele den Film *Flubber* mit Schauspieler Robin Williams und für ihre Mutter Penny das Album *The Miseducation Of Lauryn Hill* von der gleichnamigen Sängerin. Man kann sich vorstellen, was nun kommt: *Flubber* findet Adele zwar ganz nett, aber begeistern kann sie sich vor allem für die neue Platte – und verliebt sich unsterblich in das Album. »Es wäre für ein Kind in meinem Alter wahrscheinlich normaler gewesen, sich für den Film zu interessieren«, erzählt Adele später in einem Interview. »Aber ich war eben anders.«

Eine nächste große Entdeckung macht Adele mit 14. Damals versucht sie gerade, Nu Metal cool zu finden, genau wie viele ihrer Freunde. Sie hört die Alben von Slipknot und Korn, beides echte Elternschocker. Doch eigentlich schlägt Adeles Herz für ganz andere Töne: Zuhause hört sie lieber Celine Dion statt Krawallmusik.

Als sie eines Samstags in der CD-Abteilung einer Filiale von HMV stöbert, einer britischen Elektronik- und Musikkette, bricht sie endgültig mit dem Nu Metal. Sie entscheidet: »Ich höre jetzt nur noch, was mir gefällt« – und fängt sofort damit an. Adele kauft ein CD-Sonderangebot für 5 britische Pfund: zwei CDs in einem Paket. Etta James und Ella Fitzgerald, steht auf der Verpackung. Vor allem Etta James wird Adeles Leben verändern. »Ich hörte ihr zu und sie brachte mir das Singen bei«, erzählt Adele viel später in einem Interview. »Ich begann, über die Texte nachzudenken, statt sie einfach nur mitzusingen.« An anderer Stelle berichtet sie: »Es war, als würde sie [Etta James] in meine Brust kriechen und an meinem Herzen rütteln.« Adele entdeckt die Tiefe der Soulmusik – und das soll ihren eigenen Gesang fortan stark beeinflussen.

Was das *Glastonbury Festival* betrifft, schließt sich 2016 ein Kreis für Adele, denn in jenem Jahr tritt sie als Headlinerin bei der legendären Veranstaltung auf. Zuvor war sie dort auf kleineren Bühnen zu sehen gewesen. Für Adeles Mutter wäre der große Auftritt ihrer Tochter mit der Möglichkeit verbunden, einmal hinter die Kulissen des Events zu blicken, das sie seit Jahren besucht, doch Mama Penny trifft eine völlig andere Entscheidung: Sie zeltet, wie immer – wenn auch auf einem der etwas luxuriöseren Campingplätze.

Bleibt noch ein weiterer wichtiger musikalischer Einfluss, den wir bisher unterschlagen haben. Allerdings nur, weil er ein ganz eigenes Kapitel verdient.

THE CURE

Wir spulen noch einmal zurück: Adele ist gerade mit ihrer Mutter beim *Great Xpectations Festival* 1993 im Finsbury Park. Nicht nur Damon Albarn und Graham Coxon von Blur treten dort auf, sondern auch eine Band, die Adele nachhaltig beeinflussen soll: The Cure. Vor dem Sänger der Gruppe fürchtet sich die kleine Adele damals allerdings noch.

The Cure finden 1978 zusammen und entwickeln sich zu einer der Speerspitzen der britischen Post-Punk- und New-Wave-Szene. Auf ihrem Debüt *Three Imaginary Boys* (1979) zeigt sich die Band noch recht harmlos. Doch schon mit ihrer zweiten Platte *Seventeen Seconds* (1980) eignen sich The Cure einen düsteren Grufti-Stil an, mit dem sie wichtige Grundsteine für die Entwicklung der Gothic-Rock-Subkultur legen. Dass ein fünfjähriges Kind das gruselig findet, überrascht nicht. Vor allem The-Cure-Frontmann Robert Smith mit seinen rabenschwarzen zerzausten Haaren jagt Adele einen Schauer über den Rücken. »Ich hatte richtig Angst vor ihm«, erzählt sie in einem Interview. »Er sah aus wie Edward mit den Scherenhänden.« Ganz falsch liegt sie mit diesem Vergleich nicht und das weiß Smith vermutlich auch selbst.

Adeles Mutter Penny hingegen ist riesiger The-Cure-Fan, sodass sich ihre Tochter dem Einfluss der britischen Goth-Rocker kaum entziehen kann. Vor allem das Album *Disintegration* von 1989 läuft in Adeles Zuhause rauf und runter und prägt die angehende Musikerin, ob sie will oder nicht. Langfristig scheint sie dann doch Gefallen an The Cure zu finden, denn viele Jahre später verneigt sie sich vor der Band, indem Adele für ihr zweites Album *21* das Stück »Lovesong« covert. Unterstützung bekommt sie dabei von Produzentenlegende Rick Rubin, der schon zuvor an einer Neuaufnahme des Songs gearbeitet hatte – mit Barbra Streisand. Doch aus der geplanten Bossa-Nova-Version des Hollywood-Stars war nichts geworden, weshalb sich nun Adele des Projekts annimmt.

Als es losgeht, hat die Sängerin eine Menge Respekt vor dem Vorhaben. Zum einen sind ihre Maßstäbe hoch, wenn es um Coverversionen geht. »Es ist sehr wichtig, dass eine Coverversion entweder besser als das Original ist«, findet Adele, »oder dass man den Song komplett neu interpretiert.« Zum anderen hat sie Sorge, der Lieblingsband ihrer Mutter nicht gerecht zu werden. »Wenn es ihr nicht gefallen hätte,

hätte sie mich enterbt«, scherzt Adele in einem Interview. »Aber sie liebt meine Version.« Kein Wunder: Adele lässt den »Lovesong« unvergleichlich melancholisch klingen. Das wiederum ist so, weil sie während der Aufnahme-Sessions tatsächlich melancholisch ist: Sie nimmt das Stück bei Produzent Rubin in Los Angeles auf und hat furchtbares Heimweh. Außerdem schwelgt sie in Erinnerungen an ihre Kindheit und den Festivalbesuch mit ihrer Mutter. »Die Zeit in Ricks Studio hat mich etwas zu sehr überwältigt«, erklärt Adele später in einem Interview. »Es war zwar fantastisch, aber ich war auch sehr schwermütig.« Dass sie am Tag der Aufnahme etwas heiser ist, steht dem Song sehr gut.

Als der Song im Kasten ist, sind die Studiomusiker in Tränen aufgelöst, so ergriffen sind sie von Adeles Performance. Auch Rubin ist begeistert: »Ihr Gesang war so stark und so herzzerreißend«, schwärmt er in einem Interview mit dem Musikmagazin *M*. Adele habe den Song gemeinsam mit ihren Musikern aufgenommen, statt Einzelspuren einspielen zu lassen und das sei ein echter, interaktiver Moment gewesen, in dem niemand so genau gewusst habe, wie sich die Musik entwickeln würde. »Man hat gespürt, dass da gerade etwas Besonderes passiert.«

Das merken später auch Adeles Fans auf der ganzen Welt. Zwar handelt es sich bei ihrer Version von The Cures »Lovesong« nicht um eins der beliebtesten Stücke auf *21* – was gegen Mega-Hits wie »Rolling in the Deep«, »Set Fire to the Rain« und »Someone Like You« auch fast unmöglich ist. Doch schaut man sich die Klickzahlen des Albums in den großen Streamingdiensten an, wird deutlich: »Lovesong« hat seine Hörer.

Für Adele wird der Song sowieso immer eine große Bedeutung haben – denn er stammt von der Gruppe, die die britische Sängerin schon früh auf einen bestimmten Pfad gestoßen hat.

ADELES FAMILIE

Adeles Familienleben ist von vielen glücklichen Momenten geprägt, aber auch von Enttäuschungen und Trauer. So ist ihre Mutter Penny Adeles beste Freundin und beschert ihr eine wunderbare und kreative Kindheit. Mit Vater Mark gibt es allerdings immer wieder Schwierigkeiten.

Als Adele Laurie Blue Adkins am 5. Mai 1988 in Tottenham zur Welt kommt, ist Penny gerade einmal 18 Jahre alt. Sie hatte Adeles Vater Mark in einem Pub in Nordlondon kennengelernt, die beiden waren schnell ein Paar geworden und wenige Monate später war Penny bereits schwanger gewesen. Ungeplant, doch die beiden hatten sich vorgenommen, das Beste daraus zu machen. Als ihre Tochter zur Welt kommt, macht Mark seiner Penny einen Heiratsantrag – doch Penny lehnt ab. »Sie sagte immer wieder, wir seien zu jung zum Heiraten«, erklärt Mark in einem Interview.

Als Adele drei Jahre alt ist, geht Penny noch einen Schritt weiter und trennt sich von Mark. Dennoch bleiben die drei eine Familie, verbringen viel Zeit bei Marks Eltern in Cardiff und machen gemeinsam Urlaub. Zu Marks Familie hat Adele eine enge Bindung, vor allem zu ihrem Großvater John. Jahre später erzählt Mark: »Ich glaube, mein Dad war Adeles wichtigstes Vorbild. Sie haben viel Zeit miteinander verbracht, nur die zwei.« Adele selbst bezeichnet ihren Großvater in Interviews sogar als »Jesusfigur«. Er habe ihre

Mutter Penny sehr geliebt und sei deshalb sofort eingesprungen, als Mark nicht mehr Teil der Familie gewesen sei. Marks Eltern hätten Penny behandelt wie ihre eigene Tochter.

Sieben Jahre später, Adele ist jetzt zehn Jahre alt, erhält ihr Großvater eine schreckliche Diagnose: Er leidet an Darmkrebs. Schnell ist klar, dass er nicht mehr lange leben wird, was Adele traumatisiert. Sie sei damals so sehr neben der Spur gewesen, dass sie den Rollstuhl ihres Opas genommen habe und damit im Krankenhaus auf und ab gefahren sei, erzählt sie in einem Interview. »Ich konnte einfach nicht damit umgehen, dass die Liebe meines Lebens, mein Großvater, im Sterben lag.« Wenige Wochen später ist es leider schon so weit. John wird nur 57 Jahre alt.

Auf die Unterstützung ihres Vaters kann Adele in dieser schwierigen Zeit nicht bauen. Auch er hat seinen Vater verloren, zusätzlich ist sein bester Freund Nigel gerade an einem Herzinfarkt gestorben. Mark ertränkt seinen Kummer in Alkohol. Für die emotionale Unterstützung seiner Tochter bringt er keine Kraft mehr auf.

Danach spielt Mark nicht mehr so eine große Rolle in Adeles Leben. Sie fühlt sich alleingelassen und ist fertig mit ihm. »Es ist okay. Ich habe nicht das Gefühl, dass mir etwas fehlt«, berichtet die Sängerin. »Manche machen eine große Sache daraus, wenn man mit nur einem Elternteil zusammenlebt.« Doch sie kenne viele Leute, die ohne Vater aufgewachsen seien.

Dass Adele in ihrer Kindheit nicht viel vermisst, liegt vor allem an ihrer liebevollen Mutter und ihrer riesigen Schar an Verwandten. Denn zu den aufopfernden Großeltern väterlicherseits kommen 33 weitere enge Familienmitglieder mütterlicherseits hinzu. Adele liebt es als kleines Mädchen, Zeit mit ihren

Cousins und Cousinen zu verbringen; immer in Verbindung mit dem Luxus, nachher wieder Einzelkind sein zu dürfen.

Als Penny später ihren langjährigen Partner Simon kennenlernt, bekommt Adele zusätzlich auch noch einen Stiefpapa, zu dem sie eine engere Bindung aufbaut als zu ihrem leiblichen Vater. Auch Mark lernt eine neue Partnerin kennen, mit der er ein gemeinsames Kind bekommt: Cameron, Adeles Halbbruder, zu dem sie ein recht gutes Verhältnis hat. Camerons Beziehung zu seinem Vater ist allerdings ähnlich abgekühlt wie das von Adele.

Zum endgültigen Bruch zwischen Adele mit Papa Mark kommt es, als er der britischen Boulevardzeitung *The Sun* 2011 ein Interview gibt, in dem er öffentlich von seiner Alkoholsucht erzählt und davon, dass er nie richtig für Adele da gewesen sei. Mark selbst schildert sie Situation etwas anders und behauptet, Adele habe das Interview mit ihm zusammen führen wollen, sei dann aber nicht da gewesen. Was davon stimmt, werden wir nicht mehr erfahren. Genau wie sein Vater John, stirbt Mark Evans mit 57 Jahren an Krebs.

AUF DER BRIT SCHOOL

Als die Pubertät an Adeles Tür klopft, weiß die junge Londonerin bereits: Sie möchte Sängerin werden. Nichts anderes zählt. Doch der Vorschlag, sich für die BRIT School zu bewerben, löst bei Adele eine eindeutige Reaktion aus, die hervorragend zum üblichen Gebaren in ihrem Heimatbezirk Tottenham passt: »Das ist ein Scheiß-Theatercollege. Was soll ich denn da?« Sie wird es schon bald erfahren. Denn 2014 wird sie an der BRIT School angenommen.

Klar, Adele hätte sich auch an einer anderen Schule mit künstlerischer Ausrichtung bewerben können. Doch im Gegensatz zu den vielen Privatschulen Englands hat die BRIT School einen entscheidenden Vorteil: Sie ist kostenlos. Lediglich eine Aufnahmeprüfung trennt junge Musikerinnen und Musiker von einem der begehrten Lehrplätze. Und da Adele und ihre Mutter nicht gerade im Geld schwimmen, bleiben nicht viele Alternativen.

Der Bewerbungsprozess beginnt mit einem umfangreichen Formular. Adele punktet und wird im Herbst 2001 zum Tag der offenen Tür eingeladen. Sie trägt »Free« von Stevie Wonder vor und spielt den »Tumbledown Blues« von James Rae auf der Klarinette. Mit der instrumentalen Darbietung haut sie zwar niemanden vom Hocker. Doch zu ihrem Gesang sagt Liz Penney, die Leiterin der Fachschaft Musik: »Mir war sofort klar: Wir nehmen sie.« Außerdem bemerkt Penney, dass Adele auf die hundertprozentige Unterstützung ihrer Mutter bauen kann, die bei dem Termin ebenfalls dabei ist. Auch ein wichtiger Faktor, um an der BRIT School erfolgreich sein zu können.

Während Adele an der gewöhnlichen Schule noch reichlich Probleme gehabt hatte, blüht sie an der BRIT School auf. Stundenlang arbeitet sie an Songtexten, nutzt die kostenlosen Übungsräume und kann endlich ihren Traum vom Leben als Musikerin verwirklichen, zumindest im Anfangsstadium. Bei ihren Lehrerinnen und Lehrern schindet Adele mit ihrer schnellen Auffassungsgabe Eindruck und auch mit dem Lernstoff jenseits der künstlerischen Inhalte kommt sie bestens zurecht. Eine Sache hat die junge Sängerin allerdings nach wie vor nicht so gut im Griff: ihre Schlafzeiten.

Genau wie an der öffentlichen Schule zuvor, bleibt Adele auch während ihrer Zeit an der BRIT School zu lange im Bett liegen. Wirklich lange. So lange, dass sie manchmal vier Stunden zu spät zum Unterricht erscheint, was ihre Lehrerinnen und Lehrer natürlich gar nicht gut finden. Doch Adele versichert ihnen: Das ist keine Faulheit, sondern ich brauche einfach meinen Schlaf. Tatsächlich kommt sie eisern jeden Tag zur Schule – nur eben manchmal später.

Ein besonders schwerer Fall von Verspätung ereignet sich, als Adele als eine der 20 talentiertesten Schülerinnen und Schüler der BRIT School nach Devon reisen soll, um bei einem Festival aufzutreten. Treffpunkt ist der Bahnhof Clapham Junction, 9:30 Uhr. Eigentlich. Doch als der Zeiger immer weiter nach unten wandert und von Adele noch keine Spur in Sicht ist, ruft Liz Penney bei ihr an. Ob sie nun endlich komme. »Ja klar«, ruft Adele – dabei ist sie gerade erst aufgestanden. Keine Chance, dass sie den Zug noch erwischt. Ihre Mitschülerinnen und Mitschüler fahren ohne sie und Adele ärgert sich bodenlos. Noch Jahre später erzählt sie in Interviews, wie sehr sie sich für jenen Tag schäme. Wenigstens nimmt Adele die Schule nach dem Vorfall noch ernster. Das ist kein Wunder: Durch die folgenschwere Verspätung wäre sie fast geflogen.

Zeitgleich zu ihrer Aufnahme an der BRIT School ändert sich auch in Adeles Privatleben einiges. Ihre Mutter Penny trennt sich von ihrem Partner, Adeles Stiefvater Simon, der dennoch ein wichtiger Teil der Familie bleibt. Anschließend ziehen Mutter und Tochter nach West Norwood in London, gleich in die Nachbarschaft von Shingai Shoniwa. Sie hat die BRIT School bereits absolviert und Adele freundet sich mit ihr an, obwohl Shoniwa sechs Jahre älter ist. Wenige Jahre später wird die ganze Welt Shoniwa kennen, und zwar als Sängerin des Hits »Don't Upset the Rhythm« von The Noisettes.

Überhaupt: Berühmtheiten sind an der BRIT School keine Mangelware. Amy Winehouse drückt hier die Schulbank, ebenso wie Leona Lewis, Kate Nash und Jessie J. Adele reiht sich also in eine ganze Reihe von Superstars ein.

Von der Klarinette verabschiedet sie sich übrigens – und steigt nach einem kleinen Umweg über das Saxofon auf die Gitarre und das Klavier um.

BROCKWELL PARK

Auch wenn Adele als Teenagerin bereits auf eine große Karriere zusteuert, ist sie ein ganz normales Mädchen. Sie feiert, hört Musik und hat Spaß. Besonders gern tut sie das an einem bestimmten Ort: im Brockwell Park im Londoner Stadtbezirk Brixton, in dessen Nähe sie wohnt, als ihre Mutter Penny noch mit Adeles Stiefpapa Simon zusammen ist.

Okay, zugegeben: Bei den Partys im Park geht es nicht nur um Musik, sondern auch um Tabak und Alkohol. Was Jugendliche halt so machen. Um sich diesen Lebensstil leisten zu können, nimmt Adele einen Job bei ihrer Tante Kim an und arbeitet im »Riverside Café« in Stamford Hill. Adele spült das Geschirr, Kim steht in der Küche. Besonders viel Spaß hat Adele aber, wenn auch ihre Cousine Cema-Filiz zum Arbeiten da ist. Denn dann spülen die beiden zusammen, singen und tanzen durch das Café.

Wie wichtig der Brockwell Park für Adele ist, verdeutlicht sie einige Jahre später auch mit einem Song von ihrem dritten Album *25*, wenn auch eher indirekt. So singt sie im Text von »Million Years Ago«: »I only wanted to have fun / Learning to fly, learning to run / I let my heart decide the way / When I was young«. Als sie die Nummer im Jahr 2015 im Rahmen des TV-Specials *Adele At The BBC* singt, wird sie deutlicher: »Der Song handelt von ... Ich bin am Brockwell Park vorbeigefahren, einem Park in South London, in dessen Nähe ich mal gewohnt habe. Ich habe einen Großteil meiner Jugend dort verbracht.«

Dass ein Superstar wie Adele auch gerne mal an die Zeiten in ihrem Leben denkt, in denen sie noch nicht auf Magazintitelseiten zu sehen war oder von Paparazzi umlagert wurde, ist nachvollziehbar. Doch auch darüber hinaus ist Adele ein sehr heimatverbundener Mensch, wie auch ihre allererste Single beweist.

»HOMETOWN GLORY«

Als Adele 16 Jahre alt ist, neigt sich ihre Zeit an der BRIT School dem Ende zu. Da kommt eine wichtige Frage auf: Welche Universität besucht sie im Anschluss? Eigentlich hatte sie bereits die Hafenstadt Liverpool zu ihrer zukünftigen Heimat auserkoren, doch nun hat sie die University of London im Blick. Mutter Penny ist anderer Meinung. Sie möchte ihre Tochter weiterhin nach Liverpool schicken. Ein Streit entbrennt. Später entsteht daraus ein Song.

Dass Penny ihre Tochter wegschicken möchte, hat nichts damit zu tun, dass sie Adele nicht liebt. Im Gegenteil: Als Penny in Adeles Alter ist, wird auch sie freundlich, aber bestimmt zur Tür begleitet, als sie ihren Eltern eröffnet, dass sie schwanger ist. Mama und Papa Adkins sind überzeugt: Es ist besser für ihre Tochter, wenn sie nun lernt, auf eigenen Beinen zu stehen, unabhängig von ihren Eltern. Das gleiche Prinzip überträgt Penny auf Adele und ist der festen Überzeugung, das Beste für ihre Tochter zu tun. Das mag so sein. Doch Adele hat inzwischen eine klare Meinung, was den Wechsel ihres Wohnortes betrifft. Um keinen Preis möchte sie London verlassen, die Stadt, in der sie so viel erlebt hat und in der jede Bahnhaltestelle mit einer verrückten Geschichte verbunden ist. Ihre Freunde leben hier, ebenso wie ihre Familie und nie und nimmer möchte sie woanders wohnen. Um es ihrer Mutter zu zeigen, stürmt Adele in ihr Zimmer, schnappt sich ihre Gitarre und komponiert ihren ersten Song. Das Handwerkszeug dafür hat sie an der BRIT School gelernt, wo auch Songwriting auf dem Lehrplan steht. Bisher hatte sich Adele damit noch etwas schwergetan. Doch nun entsteht »Hometown Glory« in Windeseile. »Ich habe einfach vier Akkorde gespielt und dabei eine Saite heruntergedrückt. Es ist ein Protestsong an meine Mutter. Ich wollte nur sagen: ›Das ist der Grund, warum ich bleiben möchte.‹«

Eine klassische Liebeserklärung an eine Stadt ist »Hometown Glory« nicht. So erwähnt Adele in der Nummer keine besonderen Orte und nennt London nicht beim Namen, wie es in vielen anderen Stücken über Städte der Fall ist. Doch zum einen ist die britische Hauptstadt nun einmal ihre »Hometown« und zum anderen weisen gleich mehrere Textzeilen in dem Stück darauf hin, dass es sich bei dem besungenen Ort um London handeln muss, zum Beispiel hier: »I like it in the city when two worlds collide / You get the people and the government / everybody taking different sides«. Damit spielt Adele auf den britischen Regierungssitz und die damalige politische Lage in London an, denn als sie den Song schreibt, ist gerade der Irakkrieg das große Thema der Stunde. Außerdem singt Adele in dem Stück davon, dass Londoner zusammenhalten. Sie schließt mit: »The people I've met are the wonders of my world«. Und diese besonderen »people« gibt es eben nur in London. »Hometown Glory« wird übrigens nicht der einzige Song bleiben, den Adele über ihr Zuhause schreibt, doch dazu kommen wir noch.

Als Adele ihre neue Komposition in der BRIT School vorträgt, sorgt das für viele offene Münder. Klar, ihre fantastische Stimme kennt man dort schon und damit überrascht sie niemanden mehr. Doch zum allerersten Mal singt Adele ein Stück, das sie selbst komponiert hat, mit all der Tiefe, die ihre Stimme hergibt und all ihren eigenen Emotionen, die sie in den Gesang einfließen lässt. Spätestens in diesem Moment zweifelt wohl niemand mehr daran, dass sie ein großer Star werden wird.

2007 veröffentlicht Adele »Hometown Glory« als ihre allererste Single. Der Song wird ein kleiner Erfolg, nicht zuletzt durch die Verwendung als Soundtrack der erfolgreichen britischen Serie *Skins*. In den USA ist es vor allem die Verwendung in der Serie *Grey's Anatomy*, die Adele und ihrer ersten Eigenkomposition zu ein wenig Erfolg verhelfen.

Doch gehen wir noch einmal kurz zurück: Bevor Adele so richtig durchstartet, braucht sie erstmal einen Plattenvertrag. Und den bekommt sie so:

DER ERSTE PLATTENVERTRAG

Als Adele Anfang 2006 eine Nachricht von einem gewissen Nick Huggett bekommt, vermutet sie, dass es sich dabei um irgendeinen Typen aus dem Internet handelt, der sie auf die Schippe nehmen möchte. Denn Huggett gibt an, Adele mit seinem Label XL Recordings unter Vertrag nehmen zu wollen. Er habe ihre Demo-Songs auf MySpace gehört und fände sie gut. »Na klar«, denkt die 17-jährige Adele skeptisch und reagiert nicht. Doch Huggett lässt nicht locker. Er ist sich sicher, auf eine Jahrhundertstimme gestoßen zu sein. »Ich dachte: Wow, dieses Mädchen ist etwas Besonderes!«, gibt er später in einem Interview zu Protokoll. Schließlich kann er Adele doch noch dazu überreden, sich mit ihm zu treffen – auch wenn die junge Frau sicherheitshalber noch ihren Kumpel Ben mitbringt. Man weiß ja nie.

Bei dem Treffen erklärt Huggett Adele in aller Ruhe, was er vorhat, und die Musikerin merkt: Dieser Kerl meint es verdammt ernst. Sie weiß inzwischen, dass das Team von XL Recordings seriös ist und zum Beispiel mit den White Stripes und M.I.A. zusammenarbeitet. Sie hat Interesse und hört Huggett aufmerksam zu. Er regt an, Adele solle sich einen Manager suchen und ist dabei auch sofort behilflich. Er zieht seinen alten Kumpel Jonathan Dickins an Land, der über reichlich Kontakte im Musikgeschäft verfügt – und Adele trifft sich auch mit ihm.

Dass sie sich schließlich tatsächlich von Dickins managen lässt, hat nichts damit zu tun, dass er ihr irgendwelche Versprechungen macht oder Adele seine zahlreichen Zertifikate zeigt. Er stellt der jungen Künstlerin auch keinen Grammy oder goldene Schallplatten in Aussicht. Nein, der Grund, warum sich Adele und Dickins einig werden, ist ein anderer. »Er hat mich zum Lachen gebracht und mir eine gute Tasse Tee serviert«, erzählt Adele sechs Jahre später in einer Rede über Dickins. »Da habe ich beschlossen, dass er mein Manager werden sollte.«

Nun hat Adele ein interessiertes Label an der Hand und einen Manager, der sie unter ihre Fittiche nehmen möchte. Doch eins wollen die Musikbusiness-Profis natürlich noch wissen: Kann Adele ihr Talent auch abseits von MySpace unter Beweis stellen? Sie möchten die junge Sängerin live sehen. Da kommt Adele auf eine Idee.

Die junge Sängerin ist damals gerade erst 18 geworden und möchte diesen Umstand ohnehin feiern. Also kombiniert sie zwei Dinge miteinander: Sie lädt all ihre Freunde und ihre Familie in einen Londoner Pub ein, nicht weit von zu Hause, wo sie sich wohlfühlt. Schon früher war sie in den Kneipen in der Umgebung aufgetreten und hatte sich mit ihren Freunden einen Spaß daraus gemacht. Darüber hinaus erscheinen ein bis zwei Mitarbeiter von XL Recordings, ebenso wie Dickins, um Adele zuzuhören. Und auch einige von Adeles Lehrerinnen und Lehrern von der BRIT School sind vor Ort. »Es war eine große Gig-Party«, erinnert sich Liz Penney. Es sei ein toller Abend gewesen und sie habe mit Adeles Mutter und deren Partner Simon darüber gesprochen, wie toll sich die junge Sängerin entwickelt habe.

Adeles Auftritt läuft hervorragend. Sie zeigt allen Anwesenden, was sie draufhat, singt sich die Seele aus dem Leib und gibt ihre selbstkomponierten Songs zum Besten. Einem Plattenvertrag mit XL Recordings und einer

Zusammenarbeit mit Dickins steht nichts mehr im Wege. Und dadurch soll sich für Adele vieles ändern.

Zum einen bekommt die junge Sängerin erstmal einen saftigen Vorschuss. Sie kann sich Kleidung von Burberry leisten, muss ihre Zigaretten nicht mehr selbst drehen und kann den Job im Café ihrer Tante kündigen. Doch viel wichtiger ist, dass XL Recordings sie als Künstlerin unterstützt. Stunde um Stunde sitzt Adele mit den Verantwortlichen des Labels zusammen, bespricht Songideen und entwickelt sich als Musikerin weiter. Dem Unternehmen ist klar: Stars fallen nicht vom Himmel, sondern es muss trotz vorhandenem Talent auch etwas Aufbauarbeit geleistet werden.

Auch Manager Dickins legt sofort los. Er bemüht sämtliche Kontakte, um seine neue Künstlerin Adele in den Fokus zu rücken. Die Sängerin bekommt einen eigenen Radiopromoter und die PR-Maschinerie gerät ins Rollen. Doch Adele hat ein Problem: Sie hat einen Plattenvertrag unterschrieben, was bedeutet, dass sie nun auch eine Platte abliefern sollte. Sie bekommt eine Panikattacke. Sie hat keine Idee, wie sie das schaffen kann. Schon bald löst sich dieses Problem – wenn auch nicht unbedingt aus den schönsten Gründen.

»CHASING PAVEMENTS«

Eigentlich schwebt Adele nun auf Wolke sieben. Sie hat gerade ihren ersten Plattenvertrag unter Dach und Fach gebracht, den Erfolg mit all ihren Freunden und ihrer Familie gefeiert und scheint eine rosige Zukunft vor sich zu haben.

Doch da ist noch etwas: Seit etwa vier Monaten steckt Adele in der bisher ernstesten Liebesbeziehung ihres Lebens. Leider geht das Ganze nicht mehr lange gut. Immerhin entsteht dabei ein Song.

Es muss hart sein, wenn man im Grunde noch Jugendliche ist, glaubt, die Liebe seines Lebens gefunden zu haben, und dann merkt, dass man nach Strich und Faden betrogen wird. Genau so ergeht es Adele mit ihrem ersten längerfristigen Partner. »Ich wäre für ihn gestorben«, verrät sie in einem Interview. Doch als sie ihn dabei erwischt, wie er in einer Bar eine andere Frau küsst, sieht sie völlig zurecht rot. Nicht nur das: Wutentbrannt läuft sie auf ihren Noch-Freund zu – und knallt ihm kräftig eine. Danach wird sie von den Security-Mitarbeitern der Bar zur Tür begleitet. Die Aktion hat sich gelohnt, auf mindestens eine Art.

Enttäuscht und tieftraurig macht sich Adele alleine auf den Heimweg. Mit seinem Betrug hat ihr Nun-Ex-Freund ihr Herz in tausend Teile zerbrochen und sie weiß nicht wohin mit sich. Ziellos rennt sie durch die Straßen, auf und ab. Dabei kommt ihr eine Idee.

»Ich wurde rausgeworfen und als ich gerade umherlief, fielen mir die Worte ›chasing pavements‹ ein«, erzählt sie in einem Interview. Sie habe den Einfall mit dem Handy festgehalten und der Song handele davon, dass sie noch Hoffnung für eine Beziehung habe, die eigentlich vorbei sei. Es sei die Art von Beziehung, die man hasse, wenn man drinstecke, aber die einem fehle, wenn man sie nicht mehr habe. Ihre erste Melodie zu dem Stück bezeichnet Adele noch als »shitty«, doch nur einen Tag später sitzt sie mit dem Produzenten Francis Anthony »Eg« White in dessen Studio und feilt mit ihm an der Nummer. Adele möchte unbedingt einen Hit schreiben und White lässt sie wissen: »Da bist du bei mir an der richtigen Adresse.« Die beiden arbeiten den Song aus und tatsächlich soll er später zu einem großen Erfolg werden.

Das Video setzt Adele mit Regisseur Mathew Cullen um, der die Metapher eines Autounfalls wählt, um den Inhalt des Stücks zu beschreiben. So ist in dem Clip ein Pärchen zu sehen, das die eigene Liebesbeziehung nachstellt, und zwar auf dem Boden liegend.

In den USA sorgt »Chasing Pavements« für ein wenig Verwirrung. Denn was man in England als »Pavement« bezeichnet, ist in den Staaten ein »Sidewalk«. Dazu kommt, dass ein Internet-User auf der Website »Urban Dictionary« behauptet, es handele sich bei dem Wortdoppel um eine homosexuelle Praktik, was wiederum viele US-Radiostationen dazu veranlasst, den Song nicht mehr zu spielen. »Irgendein seltsamer Typ im Internet hat geschrieben, dass der Song von Homosexualität handelt, was absolut nicht wahr ist«, erklärt Adele in einem Interview. Sie habe die Website »Urban Dictionary« selbst lange verwendet und vor ihrem Song sei die Begrifflichkeit »Chasing Pavements« dort nie zu finden gewesen. Aufgrund der unterschiedlichen Hürden legt man Adele nah, das Stück für den amerikanischen Markt umzuschreiben. Doch die junge Musikerin bleibt stur. Später erlaubt sie sich bei manchen ihrer Konzerte in den USA einen kleinen Spaß und tauscht »Pavements« bisweilen gegen »Sidewalks« aus.

Am 14. Januar erscheint »Chasing Pavements« als Single und gibt der Welt nach »Hometown Glory« einen zweiten Vorgeschmack auf die bevorstehende Karriere von Adele. Leider ruft das auch Adeles Ex-Freund auf den Plan, der findet, dass er eine Menge zu dem Song beigetragen hat. Er möchte Tantiemen. Sagen wir mal so: Adele lässt ihn mehr oder weniger freundlich, aber vor allem sehr bestimmt wissen, dass daraus nichts wird.

Zwei Wochen nach »Chasing Pavements« erscheint ihr Debütalbum *19* und es geht richtig rund. Doch bevor wir näher auf die Platte eingehen, wollen wir uns noch kurz mit dem Song »Cold Shoulder« beschäftigen. Er entsteht nämlich in Zusammenarbeit mit einem ganz besonderen Produzenten.

MARK RONSON

Es soll eine Art Scherz sein, als Adele den Namen Mark Ronson in den Raum wirft. Ihre Plattenfirma XL Recordings hatte die junge Musikerin gebeten, darüber nachzudenken, mit welchem Produzenten sie gerne zusammenarbeiten möchte. Adele kennt und mag Ronson, denkt aber auch, dass er bestimmt viel zu teuer ist. XL Recordings ist das egal. Denn beim Label glaubt man an Adele und die Anfrage geht sofort raus.

Wenn der Name Mark Ronson fällt, horchen viele Musik-Fans auf. Der gebürtige Londoner hat bereits mit Größen wie Robbie Williams zusammengearbeitet, ebenso wie mit Bruno Mars. 2006 produziert er das Hit-Album *Back To Black* von Adeles Schulkollegin Amy Winehouse. Doch Adele kennt Ronson aus einem anderen Grund. Es ist ein Grund, der wirklich jedem Musiker auf der Welt schmeichelt: Adele liebt eins seiner Soloalben, und zwar *Here Comes The Fuzz* aus dem Jahr 2003. Bei der Platte handelt es sich um Ronsons Debüt und er erregt damit zu Beginn der 2000er-Jahre eine Menge Aufsehen. Zum einen ist das Album einfach wahnsinnig gelungen. Zum anderen versammelt Ronson für die Produktion gleich eine ganze Schar an Gaststars um sich herum. Ghostface Killah, Nate Dogg, Sean Paul, Mos Def,

Jack White und Q-Tip von den legendären New Yorker Hip-Hoppern A Tribe Called Quest: Sie alle sind auf *Here Comes The Fuzz* dabei und veredeln das Album zu einem Klassiker.

Zwischen Ronson und Adele läuft alles sehr reibungslos. Der Produzent hört die Demos der jungen Sängerin, unterhält sich mit den XL-Mitarbeitern und geht alles sehr professionell an. Doch eine Sache gibt es noch zu erledigen, bevor er der Zusammenarbeit final zustimmt: Er möchte Adele persönlich kennenlernen – zumindest theoretisch. Als Adele und Ronson verabredet sind, taucht der Produzent nämlich einfach nicht auf. Der Grund: Er hat den Termin vergessen. Autsch. Sowas kann Adele überhaupt nicht leiden. Später finden die beiden dann doch noch zusammen. Das Treffen läuft allerdings etwas seltsam ab.

Als Ronson nicht auftaucht, beschließt Adele, den Abend ein bisschen anders zu gestalten. Sie öffnet eine Flasche Wein, schaltet den Fernseher an und macht es sich bei einer Talkshow gemütlich. Sie leert ein Glas und dann noch eins ... als es plötzlich an der Tür klopft. Mark Ronson ist da, entschuldigt sich für die Verspätung und möchte mit Adele sprechen. Die ist natürlich schon angetrunken, bittet den Produzenten aber trotzdem herein. Es habe an dem Abend ein paar komische Momente gegeben, scherzt Adele Jahre später. Wahrscheinlich eine leichte Beschönigung der Dinge, denn in anderen Interviews verrät Adele, sie sei an besagtem Abend »total besoffen« gewesen. Dennoch: Immerhin lernen sich die beiden kennen und besiegeln ihre Zusammenarbeit.

Das erste Ergebnis der Kooperation ist der Song »Cold Shoulder«, den Adele bereits vorher für Ronson auserkoren hat. Sie ist der festen Überzeugung, dass auf ihrem Debütalbum noch eine tanzbare Nummer fehlt. Dafür hat sie auch eine sehr gute Begründung: »Wenn ich auf einem Konzert bin, auf dem es ausschließlich Balladen zu hören gibt, habe ich gegen Ende der Show Hummeln im Hintern«, erklärt Adele. Sie möchte, dass ihr Publikum das Tanzbein schwingen kann. Mit ihrem Gefühl liegt sie goldrichtig, denn als ihr Debütalbum *19* erscheint, kommt »Cold Shoulder« derart gut an, dass XL Recordings die Nummer drei Monate später als dritte Single von der Platte veröffentlicht.

Sehenswert ist auch das Musikvideo zu dem Song, in dem Adele inmitten schmelzender Eisstatuen singt, passend zum Titel des Stücks.

Wir haben uns jetzt mit Adeles erster Single »Hometown Glory« beschäftigt, sind bei der Unterschrift ihres ersten Plattenvertrags dabei gewesen, haben die Geschichte von »Chasing Pavements« miterlebt und Adeles Bindung zu Produzent Mark Ronson unter die Lupe genommen. Nun sind wir bereit, das große Ganze anzugehen: Im nächsten Kapitel widmen wir uns Adeles Debütalbum *19*.

19

Bei der Unterschrift ihres ersten Plattenvertrags ist Adele 18 Jahre alt. Ihr wird klar: Nun gibt es kein Zurück mehr. XL Recordings erwartet Songs, damit ihr Debütalbum an den Start gehen kann. Sie fühlt sich unter Druck gesetzt, sogar so sehr, dass sie richtig Angst bekommt. Doch dann wird Adele 19 – und viele Dinge ändern sich.

Damals steckt Adele gerade in ihrer ersten längerfristigen Beziehung. Dass es zwischen dem Paar zum Eklat kommt, haben wir im Kapitel über »Chasing Pavements« bereits erfahren. Doch nicht nur dieser eine Song ist davon inspiriert, dass Adeles Partner sie betrügt. Nein, durch ihren Liebeskummer strömen die Ideen für ihr Debütalbum geradezu aus der jungen Musikerin heraus, sodass sie mit dem Songwriting kaum hinterher kommt. »Das hat mir eine Menge abverlangt«, erzählt Adele später. Nachvollziehbar, denn damals schreibt sie ihr Material weitestgehend alleine, statt sich fremde Hilfe zu holen. »Ich habe mich hingesetzt, mir die größte Mühe gegeben, mir Dinge einzugestehen und sie in Songs umzusetzen«, erklärt Adele. *19* sei ein Trennungsalbum aus den Tiefen ihrer Seele, auch wenn das kitschig klänge. »Für mich repräsentiert das Album sehr stark mein damaliges Alter«, erzählt Adele über ihre erste Platte. Sie sei zu jener Zeit zur Frau geworden und das spiegele sich auch in den Songs wider. Adele wählt ihr Alter als Albumtitel – ein Muster, das sie im weiteren Verlauf ihrer Karriere beibehalten wird, auch wenn sie immer mal wieder darüber nachdenkt, es zu durchbrechen.

Was die Entstehung von *19* betrifft, sei alles sehr organisch gewesen, berichtet Adele. Sie habe sich einfach in ihrem Zimmer verschanzt und stundenlang an den Songs gefeilt. Besonders wichtig sind ihr dabei die Lyrics. Anders gesagt: Gegen allzu simple Songtexte, die keinen tieferen Inhalt haben, ist Adele allergisch. Kein Wunder also, dass sie versucht, ihren eigenen Texten so viel Tiefe zu geben wie nur möglich.

Als Produzenten hat Adele den Briten Jim Abbiss dabei, den sie von einer Gesangssession mit ihrem Labelkollegen Jack Peñate kennt. Abbiss hat bereits mit Kasabian und den Noisettes zusammengearbeitet, doch als er Adeles Stimme hört, haut ihn das völlig um. Er wird auch an Adeles zweitem Album *21* beteiligt sein.

Ein großes Geheimnis entsteht darum, wer genau »Mr. 19« ist, also der Mann, der Adele im Vorfeld ihres Debütalbums so viel Liebeskummer bereitet hat. Doch die Sängerin lässt sich nicht in die Karten schauen. Auch, wenn sie nicht das beste Verhältnis zu »Mr. 19« hat: Sie behält seinen Namen unter Verschluss, um ihn zu schützen. »Ich habe ein Album aus dieser Beziehung gemacht«, erklärt sie in einem Interview. »Ich habe ihn mehr benutzt als er mich.«

Als *19* am 28. Januar 2008 erscheint, landet Adele mit ihrem Debüt aus dem Stand einen Erfolg. So steigt die Platte in ihrer Heimat Großbritannien ohne Umschweife auf die Pole Position der Albumcharts ein. »Direkt auf Platz eins zu gehen, war das Großartigste, was mir je passiert ist und was je passieren wird«, erklärt Adele voller Stolz. Sie hat ja keine Ahnung, was ihr noch alles bevorsteht.

Ein weiteres Highlight in Großbritannien ist, dass Adele als erste Künstlerin den Kritikerpreis der BRIT Awards erhält. Außerdem wählen zahlreiche Musikkritikerinnen sie in einem BBC-Poll auf Platz eins der »wahrscheinlichen Durchbrüche für das Jahr 2008«.

In den deutschen Charts gelingt Adele mit ihrem Debüt immerhin Platz 15. Man kann also sagen: Europa hat Adele mit ihrem ersten Album bereits in der Tasche. Doch sie hat noch weitere Pläne: Sie möchte die USA erobern. Und bis das passiert, dauert es gar nicht mehr lange.

NACH ÜBERSEE

Viele europäische Künstler können ein Lied davon singen. In den USA erfolgreich zu sein, ohne dass man Amerikaner ist, ist fast unmöglich. Robbie Williams, Kylie Minogue, Oasis: Sie alle sind in Europa Superstars, kommen jenseits des großen Teichs aber nicht über den Status als kleines Licht hinaus. Dementsprechend gering sind auch Adeles Hoffnungen, was ihren Durchbruch in den USA betrifft. Doch sie versucht es trotzdem, mit großer Unterstützung durch ihr Management.

Schon als Adele 15 Jahre alt ist, reist sie mit ihrem Vater nach New York City. Sie lernt Land und Leute kennen, taucht in die Magie einer der gewaltigsten Großstädte der Welt ein und sieht, was es bedeutet, sich am Nabel des Kapitalismus zu befinden. Dennoch: Schon damals hat sie nichts als Musik im Kopf. Sie besucht zu jener Zeit bereits die BRIT School und als sie in New York einen Virgin-Plattenladen betritt, denkt sie bloß: Wie großartig wäre es, wenn irgendwann auch ein Album von mir hier stehen würde. Sie träumt von der großen weiten Welt und davon, ein Star in den USA zu sein. Es soll dazu kommen – doch es dauert noch etwas.

17. März 2008, »Joe's Pub« in New York. Adele ist wieder da und sie hat ihr Debütalbum *19* im Gepäck. 184 Zuschauer tummeln sich in dem kleinen Laden. Der Ticketpreis liegt bei 12 US-Dollar. Adele hat jeden Grund, nervös zu sein. Denn nicht nur, dass es sich um einen ihrer allerersten Auftritte jenseits des großen Teichs handelt (in den Tagen zuvor war sie bereits in Austin zu Gast gewesen). Nein, dank der Klimaanlage im Flugzeug ist sie auch noch erkältet. »Verzeiht mir bitte, wenn ich während eines Songs husten muss oder so«,

lässt sie das Publikum wissen. Doch Adele liefert ein hervorragendes Konzert ab.

Man könnte nun meinen, es handele sich bei dem Auftritt um einen ersten Test, um herauszufinden, wie Adeles Chancen auf dem US-amerikanischen Markt stehen. Das ist anteilig auch so, doch eigentlich ist die Britin bereits einen Schritt weiter: Schon als sie am nächsten Abend noch ein weiteres Mal in »Joe's Pub« auftritt, hat sie einen Plattenvertrag mit Columbia Records in der Tasche, einem der größten Labels der Staaten. Es war sogar ein Bieterkrieg darum entstanden, wer Adeles Debütalbum in den USA vermarkten darf. Columbia hat den Zuschlag erhalten und das öffnet für Adele viele Türen.

Auch darüber hinaus sorgt Adele mit ihren beiden Auftritten in New York für Aufsehen. Nur wenige Tage nach den zwei Gigs veröffentlicht Jazz-Redakteur Nate Chinen von der *New York Times* einen Artikel mit der Überschrift: »Another British Invader Arrives, Guitar in Hand«. Damit ist wohl erstmal alles gesagt.

Darüber, wie sie in den USA wahrgenommen wird, muss Adele hingegen schmunzeln. So sind viele Amerikaner der Meinung, sie habe einen besonders britischen Akzent. Sie halten Adele für eine Exotin. »Darüber muss ich lachen«, sagt die Sängerin. »Denn in England bin ich so normal, wie es nur geht.«

Nach ihren Auftritten in Austin und New York zieht Adele weiter nach Los Angeles, Montreal und Toronto. Danach verlässt sie Nordamerika und reist zurück nach Europa. Eine große US-Tournee ist bereits geplant. Im Mai soll sie wiederkommen. Doch leider läuft die Konzertreise nicht so rund wie gedacht.

FEHLSTART IN DEN STAATEN

2008 kommt Adeles US-Karriere so richtig ins Rollen. Sie gibt im ganzen Land Konzerte und erobert mit ihrer frechen britischen Art die Herzen der Amerikaner. Der Weg zum internationalen Superstar-Dasein scheint geebnet. Doch genau das wird Adele zu viel.

Damals verändert sich Adeles Leben in großen Schritten. Sie landet ihre ersten richtigen Chart-Erfolge und spielt weltweit in ausverkauften Hallen. Hatte sie zuvor noch den Schulstart verschlafen und mit ihren Freunden im Park herumgehangen, platzt nun ihr Terminkalender aus allen Nähten. Pausen sind kaum vorgesehen – und ständig ist sie unterwegs. Dass sie nun viel »on the road« lebt und dauernd unterwegs ist, sorgt bei Adele für großes Heimweh. Sie liebt es, für ihre Fans zu singen, sehnt sich aber auch nach ihrer Familie und ihren Freunden. »Du spielst vor 2.000 Leuten, die dir zujubeln, doch wenn du in dein Hotelzimmer zurückkommst, bist du ganz allein«, stellt Adele fest. Auf ihr lastet viel Druck, denn im Gegensatz zu einem Musiker in einer Band, kann sie sich als Solo-Interpretin nicht gelegentlich hinter ihren Kollegen verstecken, wenn sie mal einen schlechten Tag hat. Jeden Abend steht sie höchstpersönlich mitten im Rampenlicht. Dass sich immer mehr Augen auf der ganzen Welt auf sie richten, macht der jungen Britin große Angst. »Ich war überhaupt nicht auf meinen Erfolg vorbereitet«, erzählt sie Jahre später in einem Interview. Im Sommer 2008 steigt ihr alles zu Kopf und sie zieht die Reißleine.

Tourabsage in den USA: Das ist schon eine Hausnummer, doch Adele geht diesen Schritt 2008. Als Begründung nennt sie damals familiäre Probleme, um die sie sich in England vor

Ort kümmern muss. »Ich hatte mich auf die Tour gefreut und wollte mich voll hineinstürzen«, schreibt sie auf ihrem MySpace-Profil. Es täte ihr sehr leid, aber es gehe nicht anders. Später berichtet sie: »Ich habe damals einfach eine Auszeit gebraucht.« Sie habe sich Ausreden überlegt, um eine Pause zu erzwingen. Als sich Adele rauszieht, lässt sie ihre Plattenfirma und ihr Management wissen, dass sie für einige Wochen ihr Mobiltelefon abschaltet und nicht gestört werden möchte. Das Label ist wenig begeistert. Doch Adele muss sich von dem Rummel erholen – und es gibt noch mindestens einen weiteren Grund dafür, dass sie die Tour absagt.

2008 steckt Adele gerade in einer frischen Beziehung. »Mr. 19« ist Geschichte, an seine Stelle rückt der Herr, der später »Mr. 21« werden soll. (Dazu kommen wir noch.) Weil sie so angeschlagen ist, fühlt sich Adele außerstande, ohne ihn zu sein, und auf Tour kann sie ihn nicht mitnehmen. Also bleibt sie mit ihm in ihrer neuen Wohnung in Notting Hill. »Wir hatten alles, was wir gebraucht haben«, erzählt Adele von dieser Zeit. Die beiden seien sich in jeder Hinsicht einig gewesen und ihr neuer Partner habe sie nur ansehen müssen, um zu wissen, wie es ihr ging. »Wir mochten dieselben Dinge und hassten dieselben Dinge«, führt Adele weiter aus. Leider äußert sich das auch beim Thema Alkohol – denn den mögen sie beide. Schon vor ihrer Zeit mit »Mr. 21« hatte Adele eingeräumt, vor dem Schlafen gerne mal ein bis zwei Gläser Wein zu trinken. Zum Problem war das bisher nicht geworden. Doch der Stress, der mit ihrer Karriere als Popstar einhergeht, und die Tatsache, dass auch ihr Partner gerne mal zu tief ins Glas schaut, tun ihr Übriges. Viele Jahre später, im Jahr 2023, wird Adele bei ihrer Show *Weekends with Adele* in Las Vegas berichten, dass sie dem Alkohol abgeschworen hat, nachdem sie vor allem in ihren Zwanzigern viel zu oft betrunken gewesen war.

Die Absage in den USA ist für Adele ein großes Risiko. Der US-Markt ist ohnehin schwierig und dann auch noch eine bereits geplante Tour abzusagen, grenzt an Leichtsinn. »Ich kann immer noch nicht fassen, wie ich das tun konnte«, räumt Adele später ein. »Im Nachhinein fühlt sich das sehr nach Undankbarkeit an.«

Wird der Groll über ihre Entscheidung anhalten? Ist ihre Karriere nun schon wieder vorbei, bevor sie überhaupt richtig angefangen hat? Bei vielen anderen wäre es so gewesen, keine Frage. Doch die britische Sängerin hat riesiges Glück und bekommt eine zweite Chance in Übersee. In der nächsten Geschichte lest ihr, was Sarah Palin damit zu tun hat.

SATURDAY NIGHT LIVE MIT SARAH PALIN

Wenn es um die reichweitenstärksten Sendungen im US-amerikanischen Fernsehen geht, rangiert *Saturday Night Live* zweifelsohne auf den vordersten Plätzen. Nicht nur, dass die Show über die Jahre hinweg viele Millionen Dollar Umsatz eingespielt hat. Nein, sie wird auch regelmäßig in mehr als 200 Ländern ausgestrahlt – also in so ziemlich allen. Zu einer der Besonderheiten der Show zählt, dass sich dort alles die Klinke in die Hand gibt, was in den USA Rang und Namen hat. Am 18. Oktober 2008 tritt

Politikerin Sarah Palin in der Sendung auf – und verhilft Adele zu großem Ruhm.

Dass Adele für *Saturday Night Live* gebucht wird, ist ein Glücksfall für die britische Sängerin. Einer der Produzenten der Sendung hatte sie in Manhattan singen hören und daraufhin Adeles Management kontaktiert. Genau genommen hat sie sogar gleich doppelt Dusel. Denn sie wird auch noch ausgerechnet in die Episode der Comedy-Show eingeladen, in der auch Sarah Palin zu Gast ist. Doch wie kommt es dazu? Wer ist Palin eigentlich? Und warum treibt ihr Auftritt die Einschaltquote in die Höhe? Das finden wir jetzt heraus.

2008 stecken die USA mitten im Wahlkampf. Der Demokrat Barack Obama und sein Vizekandidat Joe Biden möchten den amtierenden US-Präsidenten George W. Bush ablösen, ebenso wie der Republikaner John McCain und seine potenzielle Vizepräsidentin Sarah Palin. Was heutzutage selbst in Deutschland ein Medienspektakel ist, dominiert die Sendeplätze im US-Fernsehen über Monate hinweg. Egal, welchen Sender man einschaltet: Wahlkampf, Wahlkampf, Wahlkampf. Auch der Cast von *Saturday Night Live* mischt in dem medialen Zirkus mit und nimmt die politische Lage im Land gehörig auf die Schippe. Vor allem die Auftritte von Comedienne Tina Fey kommen gut an, denn sie macht sich einen Namen als Sarah-Palin-Imitatorin, die das Original nicht nur täuschend echt nachahmen kann, sondern Palin auch noch ähnlich sieht. Immer wieder verschaukelt sie die Vizekandidatin und erheitert damit Millionen Zuschauer. Am 18. Oktober 2008 tritt Palin dann höchstpersönlich bei *Saturday Night Live* auf – und zwar gemeinsam mit Tina Fey. Etwa 17 Millionen Amerikaner wollen sich das nicht entgehen lassen und schalten ein – und sehen nicht nur die Politikerin und ihre Imitatorin, sondern auch Adele. Sie ist in der Episode als musikalischer Gast an Bord und singt ihre Songs »Chasing Pavements« und »Cold Shoulder«. Damit kann sie ihren US-Fans wenigstens eine kleine Entschädigung für ihre vorherige Tour-Absage anbieten – und gewinnt vor allem viele neue Anhänger dazu. Im Anschluss an die Sendung wird Adeles Debütalbum *19* tausendfach digital gekauft. Schon kurze Zeit später steht es auf Platz eins der US-Download-Charts. Auch die Presse ist jetzt richtig wach und berichtet immer häufiger über Adele. Die wiederum nutzt den erneuten Aufwind in den Staaten und beginnt sogleich damit, eine neue US-Tour zu planen. Diesmal möchte sie sich nicht zuhause einigeln, denn eine dritte Chance wird sie wohl nicht bekommen. Für die zweite kann sie sich bei Sarah Palin und ihrem Auftritt bei *Saturday Night Live* bedanken. Adeles politische Meinung zu dem Abend ist übrigens glasklar: »Palin war backstage sehr nett«, erzählt sie in einem Interview. »Aber ich bin sehr froh, dass Obama die Wahl gewonnen hat.«

Was *Saturday Night Live* betrifft, bleibt es nicht Adeles letzter Auftritt in der Sendung. Sie wird noch zweimal dorthin zurückkehren – und von Aidy Bryant imitiert werden. Doch dazu kommen wir später noch.

»MAKE YOU FEEL MY LOVE«

Eine gute Woche nach Adeles Auftritt bei *Saturday Night Live* erscheint die vierte Single von ihrem Debütalbum *19*. Dabei handelt es sich allerdings nicht um eine Eigenkomposition, sondern um einen der moderneren Songs von Folk-Ikone Bob Dylan.

Kein Zweifel: Bob Dylan ist einer der größten Musiker aller Zeiten. Mit Meisterwerken wie »Blowin' in the Wind« (1963), »The Times are a-Changin'« (1964) und »Like a Rolling Stone« (1965) hat er die Sechzigerjahre geprägt. Auch in den Siebzigern landet er riesige Hits, wie zum Beispiel »Knockin' on Heaven's Door« (1973). Die Achtziger und Neunziger hingegen entpuppen sich nicht unbedingt als Dylans Lieblingsjahrzehnte. Ein uninspiriertes Album folgt auf das nächste, bis er ab 1990 schließlich kaum noch neue Musik veröffentlicht. Zwischenzeitlich spricht er sogar davon, dass man als Musiker vielleicht auch irgendwann genug Songs geschrieben hat und dass es an der Zeit sein könnte, die Fackel an die nächste Generation weiterzureichen. Jahrelang bleibt es still um ihn – doch 1997 meldet er sich zurück.

Time Out Of Mind ist Dylans erstes richtiges Album seit sieben Jahren. Insgesamt handelt es sich bereits um seine 30. Platte, also kann man verstehen, dass die Inspiration zuvor nicht mehr an jeder Ecke gelauert hatte. All das wäre an dieser Stelle nicht weiter erwähnenswert, wenn auf dem Album nicht ein Song zu finden wäre, der auch in Adeles Leben eine Rolle spielt: »Make You Feel My Love«. Doch was ist das für ein Song? Wovon handelt er? Und wie kommt Adele darauf, ihn zu covern?

Eigentlich ist Adele kein allzu großer Fan von Coversongs. Zum einen möchte sie nicht, dass der Eindruck entsteht, sie könne kein eigenes Material komponieren. Sie ist der festen Überzeugung: Jeder Song ist unzertrennlich mit der Person verbunden, die ihn geschrieben hat. Zum anderen hat sie Sorge, den Stücken anderer Künstler nicht gerecht zu werden, genau wie zuvor bei The Cure. Bei »Make You Feel My Love« gilt das sogar in besonderer Weise, denn Adele ist nicht die erste, die den Song nachsingt. Billy Joel, Garth Brooks, Bryan

Ferry: Sie alle haben »Make You Feel My Love« bereits gecovert, bevor sich Adele der Nummer annimmt. (Joel hat den Song sogar vor Dylan veröffentlicht, aber das ist eine andere Geschichte.) Und sie alle, sagen wir mal ... haben das ganz nett gemacht. Doch in der Musikwelt ist man sich einig: Adeles Version ist die beste. Vielleicht deshalb, weil sie den Inhalt der Nummer zu 100 Prozent nachvollziehen kann, als sie das Stück singt. So heißt es im Text unter anderem: »When the evening shadows and the stars appear / And there is no one there to dry your tears / I could hold you for a million years / To make you feel my love«. Das sind nach einer frischen Trennung natürlich tröstende Worte. »Der Song ist so überzeugend«, schwärmt Adele von Dylans Komposition. Die Nummer würde die schwierige Zeit ihres Lebens, die sie überwinden und in Songs verarbeiten möchte, perfekt auf den Punkt bringen.

Auf die Idee, »Make You Feel My Love« zu covern, kommt Adeles Manager Jonathan Dickins – vermutlich vor allem aus dem Grund, dass er Adeles Debüt um eine weitere radiotaugliche Nummer ergänzen möchte. Er soll recht behalten: Mit »Make You Feel My Love« landet Adele nach »Chasing Pavements« den zweiten britischen Top-5-Hit ihrer Karriere, wenn auch zeitverzögert. Zunächst erreicht die Single nämlich »nur« Platz 26 der UK-Singles-Charts. Doch durch die Verwendung in zwei TV-Shows zwei Jahre später klettert »Make You Feel My Love« schließlich doch noch auf Platz vier. Außerdem gelingt ihr die erste Single-Nummer-eins-Platzierung ihrer Karriere – und zwar in den Niederlanden.

Das Video zu dem Clip setzt Regisseur Mat Kirkby um. Der Dreh fällt in die Zeit, als Adele gerade ihre US-Tour abgesagt hat, zu viel trinkt und generell ziemlich unglücklich ist. Das kann man im Clip auch sehen. Kirkby nimmt

Rücksicht auf die angeschlagene Adele, leistet sich dafür aber einen Patzer, der zu seinen eigenen Lasten geht. So ist im Video zu sehen, wie Adele eine SMS an eine Handynummer verschickt. Blöderweise handelt es sich dabei um die echte Nummer von Kirkby, sodass er nach der Ausstrahlung des Clips tausende Anrufe bekommt – mitunter von wütenden Fans, die ihn für Adeles in Ungnade gefallen Ex-Freund halten.

Für Bob Dylan ziehen »Make You Feel My Love« und das Album *Time Out Of Mind* übrigens auch den ein oder anderen Erfolg nach sich. Der größte davon: Bei der Grammy-Verleihung 1998 staubt Dylan gleich drei der begehrten Trophäen für seine Platte ab, darunter auch die für das »Album des Jahres«. Adele muss 2008 noch etwas auf diese Ehre warten. Doch sie wird kommen, mehr dazu später. Jetzt geht es erstmal kurz um einen weiteren Musiker, der im Lauf seiner Karriere eine Coverversion von »Make You Feel My Love« aufgenommen hat.

EIN TAMPON FÜR NEIL DIAMOND

6. Februar 2009: Adele ist erneut in den Staaten, diesmal für die *MusiCares Person of the Year Gala*. Der Abend steht im Zeichen des US-amerikanischen Sängers Neil Diamond – und Adele soll seinen Song »Cracklin' Rosie« zum Besten geben.

Für alle, die Neil Diamond noch nicht kennen, hier ein kurzer Abriss: Er kommt am 24. Januar 1941 in Brooklyn zur Welt und ist, genau wie Adele, ein Künstler, der es aus der Arbeiterklasse bis an die Spitze des Showgeschäfts geschafft hat. Von 1966 bis heute hat der Singer-Songwriter 32 Alben veröffentlicht und über 130 Millionen Platten verkauft. Zu seinen größten Hits zählen Stücke wie »Sweet Caroline«, »Forever in Blue Jeans« – und »Cracklin' Rosie«.

Die Einladung, den Song bei der Gala zu seinen Ehren zu singen, erhält Adele von Neil Diamond persönlich. Doch am Tag ihres Auftritts ist sie gesundheitlich angeschlagen, und zwar ein bisschen ausgeprägter als ein Jahr zuvor bei ihrem Pub-Auftritt in New York. Denn diesmal hat sie keine Erkältung, sondern hat sich aus Versehen einen kompletten Fingernagel abgerissen. Aua. Der Hintergrund des schmerzhaften Zwischenfalls: »Am Abend zuvor war mein falscher Fingernagel abgegangen«, erklärt Adele. »Er hat meinen echten Nagel mit abgerissen.« Ihr Finger blutet stark, Pflaster weichen sofort durch. Doch Adele weiß sich zu helfen – und benutzt stattdessen einen Tampon. »Ich musste ihn um meinen Finger wickeln, damit er das ganze Blut aufsaugt«, erzählt sie später der *Sunday Times*. Auf der Bühne habe sie eigentlich vorgehabt, das Mikro mit der intakten Hand zu halten, doch vor Nervosität habe sie nicht mehr daran gedacht und stattdessen die Hand mit dem Tampon verwendet. »Da war er, direkt vor meinem Gesicht«, erinnert sie sich.

Darüber hinaus absolviert Adele ihren Gala-Auftritt in einem Mantel, da all ihre Kleider in der Reinigung sind. Und als wäre all das noch nicht genug, entfällt ihr auch noch der Text des Songs und die Stimmlage passt auch nicht zu ihr. »Mein Auftritt war verdammter Müll«, verflucht sie den Abend später. Kommt vor.

Dass ihre Darbietung nicht sonderlich gut läuft, merkt Adele schon währenddessen. Doch zumindest bleibt ihr die Hoffnung, dass niemand den Tampon an ihrem Finger bemerkt hat. Nicht lange: Direkt nach ihrem Auftritt kommt Red-Hot-Chili-Peppers-Frontmann Anthony Kiedis zu ihr und lässt sie wissen: Auf der Videoleinwand war alles zu sehen. »Das war mir so peinlich«, erklärt Adele. Sie sei nach Kiedis' Anmerkung einfach weggelaufen. War wohl nicht ihr Abend ...

WUFF

Wenn wir Menschen unerwartet unserem großen Schwarm begegnen, gehen wir unterschiedlich damit um. Manche von uns laufen vor Scham rot an, andere suchen schnell das Weite, wieder andere flirten einfach mit ihrem Herzblatt. Adele entscheidet sich im November 2008 für eine andere Variante der Kommunikation: Sie bellt ihren einstigen Teenieschwarm an. Ja, richtig gelesen. Sie bellt.

Als Adele damit beginnt, sich für Jungs zu interessieren, haben Boybands Hochkonjunktur. Die Backstreet Boys, Take That, *NSYNC: Sie alle toppen abwechselnd die Charts und lassen unzählige Mädchenherzen höher schlagen. Doch *ein* Musiker mit seinen berühmt-berüchtigten wasserstoffblonden Nudelhaaren hat es der kleinen Adele besonders angetan. Sein Name ist Justin Timberlake und er ist Mitglied der US-amerikanischen Boyband *NSYNC. Genau wie viele Mädels in ihrem Alter ist sie ganz verliebt in den Sänger mit dem verschmitzten Lächeln und stellt sich wohl mehr als nur einmal vor, wie es wäre, wenn sie Adele Timberlake heißen würde. Dass sie ihm irgendwann im echten Leben begegnen wird, ahnt sie zu dieser Zeit noch nicht.

Als es so weit ist, surft Adele gerade auf ihrer ersten Erfolgswelle. Mit ihrem Debütalbum *19* hat sie es auf Platz eins der britischen Charts geschafft; in den USA ist ihr immerhin Platz vier gelungen. Ihr Name wird bekannter – und immer gefragter. So kommt es auch, dass es sie im November 2008 wieder nach New York City verschlägt. Sie soll für den guten Zweck auftreten, und zwar beim sogenannten *Keep A Child Alive Black Ball*. Der Abend wird ein voller Erfolg. Gemeinsam mit Über-Künstlerin Alicia Keys performt Adele ihre Songs »Make You Feel My Love« und »Hometown Glory«. Ihr Sitznachbar bei der Veranstaltung ist niemand geringeres als Glamrock-Star David Bowie höchstpersönlich. Doch all das ist noch nichts im Vergleich zu dem Highlight, das Adele später an diesem Abend noch erwartet.

Dann ist es endlich so weit: Adele trifft Justin Timberlake. Davon weiß sie schon vor der Veranstaltung und verrät der Kolumnistin Liz Jones später im Interview, dass sie eigentlich einen genauen Plan für den Moment ausgetüftelt hatte. Adele hatte Justin sagen wollen, dass sie ihn liebt, ihn heiraten möchte und Kinder mit ihm bekommen möchte. »Aber stattdessen habe ich ihn angebellt«, erzählt Adele. »Wuff. Das passiert mir nur bei Männern, die ich toll finde.« Ah ja ...

Als wäre diese Geschichte noch nicht peinlich genug, erlebt Adele ein paar Monate später gleich die nächste unangenehme Begegnung mit Justin. Denn als sie bei den Grammys im Jahr 2009 ihre ersten beiden Trophäen abräumt, ist sie davon so überwältigt, dass sie völlig neben der Spur ist. Mit ihren Preisen im Arm läuft sie backstage durch die

Gänge, als plötzlich jemand ihren Arm nimmt und »Herzlichen Glückwunsch!« ruft. Adele nimmt gar nicht richtig wahr, wer da mit ihr spricht, so sehr ist sie im Siegestaumel. Erst später realisiert sie: Das war Justin Timberlake. Schon die zweite verpatzte Chance, ihn zu heiraten ...

Später entschuldigt sich Adele dafür, dass sie den Popstar nicht erkannt hat. »Justin, ich liebe dich und es tut mir wirklich leid, dass es so aussah, als würde ich dir nicht begegnen wollen«, erklärt sie in einem Interview mit dem *People*-Magazin. Sie glaubt, dass die beiden vielleicht einfach nicht dazu bestimmt sind, Freunde zu sein. Justin sei einfach zu toll. Tja, manche Träume bleiben eben zu schön, um wahr zu sein.

ADELE UND DIE *VOGUE*

Bevor Adele zum Mega-Star wird, macht sie sich nicht viel aus Designerkleidung. Sie shoppt am liebsten günstig und praktisch, trägt gern Tuniken und Leggings. Eine Titelstory in der *Vogue*? Viel lieber wäre sie auf dem Cover des *Rolling Stone* oder des *Q*-Magazine zu sehen. Doch ihre Einstellung dazu wird sich ändern.

Als sich Adeles Bekanntheitsgrad steigert, soll sie plötzlich über rote Teppiche laufen, für Fotografen posieren und sich inmitten von Promis präsentieren. 2008 setzt sie zu all diesen Zwecken noch auf Schwarz. Schwarze Kleider, schwarze Strumpfhosen, schwarzer Eyeliner, manchmal auch schwarze Ballerinas: Farbtupfer sind in Adeles Garderobe damals nur schwer zu finden. Doch obwohl die Sängerin zu diesem Zeitpunkt noch keine Haute Couture im Kleiderschrank hängen hat, darf sie sich schon ein Jahr später über einen großen modischen Ritterschlag freuen: *Vogue*-Chefredakteurin Anna Wintour möchte, dass Adele Teil der US-amerikanischen April-Ausgabe wird. In einem großen Artikel über unterschiedliche Frauentypen und deren Schönheit soll sie all jene Frauen repräsentieren, die nicht gerade Kleidergröße null haben. Adele gefällt der Gedanke sehr – und sie sagt zu.

Fotografiert wird die Musikerin für das Magazin von niemand geringerem als von der berühmten Annie Leibovitz, die zuvor schon Persönlichkeiten wie die Rolling Stones, John Lennon und Yoko Ono sowie Queen Elizabeth II. vor der Linse gehabt hatte. Das Ergebnis gerät erwartungsgemäß großartig: Adele trägt auf dem Foto einen gepunkteten Mantel, liegt verträumt da, das Gesicht auf ihre Hand gestützt, und ihre Haare fallen in weichen Wellen auf ihre Schulter. Wintour ist begeistert – und möchte die junge Engländerin persönlich kennenlernen.

Der Ablauf ihres Aufeinandertreffens erstaunt Adele. »Sie war total nett«, berichtet sie von ihrer Begegnung mit Wintour, die ebenfalls Britin ist. Das mag viele verwundern, denn eigentlich haftet der Chefredakteurin der Ruf als Schreckschraube an, wie es zum Beispiel im berühmten Film *Der Teufel trägt Prada* von 2006 zu sehen ist. Die Komödie basiert auf den Memoiren von Wintours ehemaliger Assistentin Lauren Weisberger und zeichnet das Bild einer herrischen Perfektionistin. Adele kennt den Film sicher, also ist es kein Wunder, dass sie mit anderen Erwartungen an das Treffen geht.

Als sie in Anna Wintours Büro steht, fragt die Chefredakteurin Adele, wer ihre Lieblingsdesigner sind. Die Sängerin kommt ins Schwitzen – denn ihr fallen keine ein! Fieberhaft überlegt sie, ob sie auf ein Modelabel kommt, das sie schonmal auf dem Cover der *Vogue* gesehen hat. Doch

Adele beschließt: Ehrlich währt am längsten – und sie gibt zu, in diesem Metier absolut ahnungslos zu sein. Das gefällt Wintour und sie schlägt vor, Adele für die anstehende Grammy-Verleihung 2009 beratend zur Seite zu stehen. Designerin Barbara Tfank, eine Freundin von Wintour, soll die Sängerin für den Anlass einkleiden. Beide sagen zu und Tfank erschafft gemeinsam mit Adele einen unvergesslichen Look. Mit ihrem schwarzen, fließenden Seidenkleid im Fünfzigerjahre-Stil und ihrem limettengrünen Cocktailmantel ist Adeles Outfit bei den Grammys 2009 eines echten Stars würdig.

Heute ist Adele schon fünfmal auf dem Cover der *Vogue* zu sehen gewesen. Zum ersten Mal gelingt ihr das 2011 in ihrem Heimatland. Doch obwohl das Titelfoto vom renommierten norwegischen Fotografen Sølve Sundsbø geschossen wird und die Sängerin von Make-Up-Queen Charlotte Tilbury geschminkt wird, erntet das Cover teilweise harsche Kritiken. Der Grund dafür ist nicht Adeles Aussehen, sondern die Entscheidung der Redaktion, Adele nicht im Ganzkörperformat abzubilden, wie bei schlankeren Kolleginnen üblich. Stattdessen wird sie in der Nahaufnahme gezeigt. Ihrem Erfolg tut diese Ungleichbehandlung natürlich keinen Abbruch.

Nur ein Jahr später landet die Sängerin auch auf dem US-Cover des Magazins. 2016 gleich noch einmal. Damals trifft sie auf eine alte Bekannte, denn 2016 ist es einmal mehr Annie Leibovitz, die Adele für das *Vogue*-Cover ablichtet.

Im Jahr 2021 schreiben Adele und die *Vogue* sogar gemeinsam Geschichte, denn in jenem Jahr wird Adele zur ersten Person, die zeitgleich auf dem britischen und dem US-amerikanischen Cover des Modemagazins zu sehen ist. Anlass dafür ist die Veröffentlichung ihres vierten Albums *30*, auf das wir später noch genauer eingehen werden.

FREUND AUF VIER PFOTEN

Er sitzt auf ihrem Schoß, als sie ihren legendären Song »Set Fire to the Rain« einsingt, ist bei jedem Interview Adeles Security-Guard und sorgt dafür, dass sie in eine Wohnung für 890 000 Britische Pfund einzieht: Louie. Doch wer jetzt denkt, es handele sich dabei um einen besonders feurigen Liebhaber, irrt. Denn Louie ist ein Dackel.

Am 10. Juni 2009 geschehen in Adeles Leben gleich zwei wichtige Ereignisse an einem Tag: Zum einen ist sie als Zuschauerin in der Londoner O2 Arena zu Gast, um Künstlerkollegin Britney Spears performen zu sehen. Zum anderen kommt an diesem Tag ein Dackel zur Welt, der ihr Leben fortan enorm bereichern wird – denn er soll ihr Haustier werden.

Als die Sängerin erfährt, dass ihre Fellnase ausgerechnet an diesem Tag das Licht der Welt erblickt, denkt sie kurz darüber nach, ihn – ungeachtet seines Geschlechts – auf den Namen Britney zu taufen. Doch im nüchternen Zustand überdenkt sie diese Wahl noch einmal. Ebenfalls zur Wahl steht der Name Aaron, nach Adeles Lieblingsfußballspieler Aaron Lennon. Auch er wird es nicht. Denn ihr »Hündchen«, wie Adele ihren Dackel liebevoll nennt, sucht sich seinen Namen gewissermaßen selbst aus. Als sein Frauchen ihm einen Song von Louis Armstrong vorspielt, jault er fleißig mit – und wird prompt Louie genannt.

Von da an sind er und Adele quasi unzertrennlich. Ob unterwegs in ihrer Handtasche, bei Interviews auf ihrem Schoß oder bei Aufnahmen im Studio: Überall hat Adele ihren neuen besten Freund dabei. Zur Veröffentlichung ihres zweiten Albums *21* bekommt er sogar seine eigenen Merchandise-

Artikel und Adeles Fans können sich im Shop der Sängerin mit Louie-Bechern, -T-Shirts und -Taschen eindecken. Auch, was ihre eigenen vier Wände betrifft, richtet Adele alles nach ihrem vierbeinigen Kumpel aus, verlässt Notting Hill und macht es sich in einer deutlich größeren Wohnung gegenüber vom Battersea Park bequem. Eigentlich der ideale Ort, um Louie ausreichend Bewegung und frische Luft zu bieten. Doch als der Arme von einem fremden Jack-Russell-Terrier in die Nase gebissen wird, weigert er sich fortan, den Park auch nur mit einer Pfote wieder zu betreten.

Jahrelang begleitet Louie sein Frauchen durch das Showgeschäft, geht 2016 mit Adele auf Welttournee, ist in Hinter-den-Kulissen-Aufnahmen zu *21* zu sehen und erscheint sogar gemeinsam mit der Sängerin auf dem Cover des Magazins *Nylon*. 2021 folgt der Schock: In einem Interview mit dem *Rolling Stone* gibt Adele bekannt, dass Louie verstorben ist. Ruhe in Frieden, kleiner Kumpel.

Klar, dass eine Tierfreundin wie Adele nicht lange hundelos bleiben kann. So stellt sie ihren Fans 2021 in einem Instagram-Live-Video ihre beiden Goldendoodles Bob und Freddie vor. Die lockigen Fellknäule sind Brüder und bezaubern ihr Frauchen in einer Zeit, in der Adele dringend Ablenkung und Erdung nötig hat. Mehr dazu später. Was die Namen der beiden betrifft, glauben viele Fans nicht an Zufall. Erneut sollen zwei Musiker Pate gestanden haben, nämlich Queen-Frontmann Freddie Mercury und Reggae-Ikone Bob Marley. Wer weiß, vielleicht wird Adeles nächster Vierbeiner ja ein Weibchen – und heißt dann endlich Britney.

SCHÜTZENHILFE VON LENA

Am 10. März 2010 ist Adeles Debütalbum *19* bereits seit zwei Jahren draußen. Wie kommt es also, dass der Song »My Same« an jenem Tag plötzlich die deutschen Charts erklimmt und bis auf Platz 61 klettert? Ganz einfach: Die damals noch unbekannte Lena Meyer-Landrut hat das Stück kurz zuvor in der Castingshow *Unser Star für Oslo* zum Besten gegeben – und damit auch den Grundstein für ihre eigene Karriere gelegt.

2010 sind beim Eurovision Song Contest ein paar Dinge anders als sonst. Nummer eins: Wer stellvertretend für Deutschland an dem internationalen Musikwettbewerb teilnimmt, entscheidet sich in der Castingshow *Unser Star für Oslo*, auf die Beine gestellt von Fernsehmogul Stefan Raab. Warum der *TV Total*-Macher im europäischen Musikgeschäft mitmischt? Ganz einfach: Raab ist zu diesem Zeitpunkt schon seit einigen Jahren mit dem Song Contest verbandelt und hat sogar selbst schon bei dem Wettbewerb mitgemacht. Diese Geschichte wollen wir kurz ergründen. Dafür müssen wir aber noch ein wenig weiter in die Vergangenheit reisen.

Hier ein kurzer Abriss von Stefan Raabs Eurovision-Song-Contest-Werdegang: Seine erste Teilnahme an dem Wettbewerb geht am 9. Mai 1998 bei der 43. Ausgabe über die Bühne. Zwar tritt er nicht selbst auf, schickt aber Guildo Horn mit dem Song »Guildo hat euch lieb« ins Rennen. Die Nummer stammt aus Raabs Feder, komponiert unter dem Pseudonym »Alf Igel«, in Anlehnung an den jahrzehntelangen Grandprix-Gestalter und deutschen Schlagerproduzenten Ralph Siegel. Am Ende des Abends belegt

Horn den siebten Platz, was sich gemessen an vielen aktuelleren deutschen Ergebnissen wirklich sehen lassen kann. Es handelt sich damals um eine der drei besten deutschen Platzierungen der letzten zehn Jahre. Raab ist im ESC-Geschäft angekommen.

Ein Jahr später geht Ralph Siegel mit der deutsch-türkischen Popgruppe Sürpriz an den Start (Platz drei), doch im Jahr 2000 ist Stefan Raab schon wieder da. Diesmal steht er sogar persönlich auf der Bühne und zwar mit der Single »Wadde hadde dudde da?«. Es reicht immerhin zum fünften Platz. Auch anschließend liebäugelt Raab immer wieder mit dem ESC – bis er 2010 seine eigene Sensation entdeckt.

Als Lena Meyer-Landrut am 2. Februar 2010 zum ersten Mal die Bühne von *Unser Star für Oslo* betritt, kann noch niemand ahnen, welche Erfolgsgeschichte ihr bevorsteht. Gleich am allerersten Abend singt sie »My Same« von Adele und sichert sich damit einen Platz in der nächsten Runde – und Adele die bereits erwähnte Platzierung in den deutschen Singlecharts. Die deutlich größeren Auswirkungen hat der Auftritt für Lena selbst. Runde um Runde kommt sie in der Castingshow weiter, bis sie und Jennifer Braun am 12. März 2010 im Finale von *Unser Star für Oslo* stehen. Jede von ihnen darf drei Songs zum Besten geben – und am Ende gewinnt Lena. Das ist aber noch lange nicht alles.

Was beim Eurovision Song Contest 2010 anders läuft, Teil zwei: Als Erstplatzierte von *Unser Star für Oslo* darf Lena zum Eurovision Song Contest reisen. Sie tritt dort für Deutschland im Finale gegen 24 andere Nationen an, und zwar mit Stefan Raabs Song »Satellite«. Am Ende des Abends hat sie 246 Punkte gesammelt und belegt mit großem Abstand den ersten Platz; die Türkei erreicht mit 170 Punkten Platz zwei. Deutschland hat gewonnen, zum ersten Mal seit 1982, als Nicole mit »Ein bisschen Frieden« den Hauptgewinn abgeräumt hatte. Eine Erfolgsgeschichte für Lena – und für Raab.

2024 scheint die ESC-Geschichte des TV-Machers weiterzugehen. Ende März meldet sich der berühmte Entertainer mit einem Online-Video aus der Show-Rente zurück und kündigt unter anderem einen Boxkampf gegen Regina Halmich an. Zusätzlich kursieren zahlreiche Medienberichte, die davon erzählen, dass er den Eurovision Song Contest revolutionieren möchte. So soll er die Idee verfolgen, Deutschlands vier große Sendergruppen (ARD, ZDF, RTL und ProSiebenSat.1) an einen Tisch zu bringen, um den Vorentscheid in Deutschland komplett neu aufzuziehen. Man darf gespannt sein!

In Adeles Geschichte ist all das nur ein kleines Kapitelchen. Bestimmt freut sie sich darüber, dass Lena ihr eine gute Chartplatzierung beschert, hat aber auch anderes zu tun.

21

Während Lena Meyer-Landrut Adele einen weiteren Chart-Hit in Deutschland verschafft, arbeitet die britische Sängerin bereits an ihrem zweiten Album. Sie ist nun ein Star in Europa und auch in den USA hat sie mit ihrem Debüt *19* eine wichtige Duftmarke gesetzt. Der ganz große globale Durchbruch steht Adele allerdings noch bevor. Mit *21* gelingt er ihr.

Als Adele im April 2009 mit dem Songwriting für ihre zweite Platte beginnt, ist sie verliebt. Ihr Partner, nennen wir ihn weiterhin »Mr. 21«, ist zehn Jahre älter als sie und zeigt ihr ein Leben, das sie zuvor nicht gekannt hatte. Er interessiert sich für Wein, liest lieber Bücher als Zeitschriften und schaut eher künstlerische Filme als Talkshows. Adeles Freunde sagen zu ihr: Das bist doch gar nicht du. Tatsächlich geht die Liaison nicht mehr lange gut.

Was die Komposition neuer Songs betrifft, läuft es für Adele zunächst mehr als schleppend. Sie möchte, dass ihr zweites Album etwas zuversichtlicher klingt als ihr Debüt. Doch ihre Inspiration lässt zu wünschen übrig. Gerade mal einen Song hat sie nach der ersten Schreibphase fertig: »Take It All«. Und weil ihr danach nichts mehr einfällt, unterbricht sie das Songwriting erstmal wieder.

Dann ändert sich ihr Leben schlagartig. Adele und »Mr. 21« streiten sich fürchterlich – und gehen schließlich getrennte Wege. Nach nur 18 Monaten ist es wieder aus. Einerseits ist das natürlich traurig. Andererseits ist es genau wie bei *19*: Die Trennung bringt Adeles Kreativität in Gang. Nicht einmal 24 Stunden braucht sie, um Produzent Paul Epworth zu kontaktieren, mit einer Idee, die sie sofort aufnehmen möchte. Es ist quasi der Beginn von »Rolling in the Deep«. Dazu kommen wir im nächsten Kapitel.

Für *21* arbeitet Adele mit vielen verschiedenen Produzenten zusammen. So ist nicht nur Epworth an der Aufnahme beteiligt, sondern auch Ryan Tedder von OneRepublic für »Rumour Has It«, Fraser T. Smith für »Set Fire to the Rain«, Dan Wilson für »Someone Like You« und Jim Abbiss für »Turning Tables« und »Take It All«. Hätte alles nach Plan funktioniert, wäre keiner von ihnen bei der finalen Aufnahme der Platte dabei gewesen. Denn eigentlich soll Adele mit den gerade Genannten nur die ersten Demos umsetzen und das Album anschließend mit Star-Produzent und Columbia-Co-Inhaber Rick Rubin fertigstellen. Das versucht sie auch. Doch sie und Rubin harmonieren nicht so recht – und schlussendlich sitzt der Tonmeister mit dem legendären Rauschebart nur bei vier von elf Songs an den Schiebereglern.

Rick Rubin ist bekannt dafür, sehr gute Ergebnisse zu liefern, zumindest meistens. So macht er sich in den Achtzigern um den Metal und den Hip-Hop verdient, produziert legendäre Alben mit den Beastie Boys, Slayer, Run-D.M.C. und Public Enemy. In den Neunzigern arbeitet er mit den Red Hot Chili Peppers, System Of A Down, Danzig und Tom Petty zusammen. Country-Ikone Johnny Cash verschafft er mit den *American Recordings* ein Comeback der Extraklasse. Und in den 2000ern knüpft Rubin mit Künstlern wie Audioslave, Jay-Z, Slipknot und Linkin Park an seine Erfolge an. Man kennt Rubin und seine Werke; man weiß aber auch, dass er sehr direkt ist und die Zusammenarbeit mit ihm nicht unbedingt einfach. Das bekommt auch Adele zu spüren.

Als die beiden mit der Arbeit an *21* beginnen, hat sich Rubin in den Kopf gesetzt, den Live-Sound der Sängerin auf Platte zu bannen, was an und für sich eine gute Idee ist. Doch dass Rubin sie im Studio immer wieder aus ihrer Komfortzone locken möchte, empfindet Adele als anstrengend und entmutigend. Nicht nur das: Als sie und Rubin die Songs für *21* aufgenommen haben, ist sie mit vielen davon unzufrieden – und kontaktiert wieder die Produzenten ihrer Demos, um die Platte über die Ziellinie zu bringen.

Als *21* am 24. Januar 2011 erscheint, brechen für Adele alle Dämme. Platz eins in den USA, Platz eins in Großbritannien, Platz eins in Deutschland und Platz eins in 27 weiteren Ländern. Dreistellig Platin. BRIT Awards, AMAs, Grammys, Billboard Music Awards und etliche weitere Preise. Adele donnert mit Vollgas an die Spitze der Popwelt und veröffentlicht mit *21* nicht weniger als das umsatzstärkste Album des Jahres 2011. Über 30 Millionen Mal geht die Platte über die Ladentheke, womit sich Adeles Werk in die Top 25 der meistverkauften Alben aller Zeiten (!) einreihen darf. Adele hat es geschafft – und eine Vorab-Single hat den Erfolg vorbereitet.

»ROLLING IN THE DEEP«

Etwa zwei Monate bevor Adele mit ihrem zweiten Album *21* an den Start geht, veröffentlicht die Britin die Vorab-Single »Rolling in the Deep« und läutet damit ihre Eroberung der Popwelt ein. In dem Song verarbeitet sie Einflüsse von ihrer US-Tour, klingt archaischer als zuvor – und landet in den Staaten auf Platz eins der Charts.

Inhaltlich kanalisiert Adele in »Rolling in the Deep« einen großen Teil des Frusts über ihre Trennung von »Mr. 21«. »Ich bin eine verdammte Drama Queen«, gibt sie in einem Interview zu Protokoll. »Ich war so wütend!« Tatsächlich haut Adele ihrem Ex-Partner in dem Song so ziemlich alles um die Ohren, was man nach Trennungen bisweilen so denkt. »Endlich sehe ich, wie du wirklich bist.« »Du wirst dir noch wünschen, mich nie kennengelernt zu haben.« »Ich werde allen zeigen, wie du wirklich bist.« In einem Interview erklärt Adele den Wutausbruch folgendermaßen: »Ich denke, das ist mein Äquivalent dazu, solche Sachen im Eifer des Gefechts rauszuposaunen.« Es brauche sehr lange, um sie so richtig wütend zu machen, doch wenn es so weit sei, könne sie ihr Blut regelrecht durch ihren Körper rauschen spüren. Dabei hatte sie zuerst vorgehabt, als erstes an einer Ballade zu arbeiten.

Als Adele kurz nach der Trennung bei Produzent Paul Epworth im Studio aufschlägt, merkt er deutlich, dass etwas nicht stimmt. Adele erzählt ihm alles und lässt ihn wissen, dass sie den Entwurf für einen ruhigen Song mitgebracht hat (»Someone Like You«). Doch davon möchte Epworth nichts hören. Er besteht auf einem Stück, das Feuer hat, denn seiner Meinung nach ist für Adele jetzt vor allem eins wichtig: dass sie ihre Wut rauslässt. Das soll gelingen. Außerdem lässt die Sängerin den Einfluss ihrer US-Tour in die Komposition einfließen, denn auf der hat sie dank ihres Busfahrers aus Nashville jede Menge neue Musik kennengelernt.

»Wer ist Garth Brooks?«, fragt Adele den Fahrer damals – und der muss laut lachen. Aus US-amerikanischer Perspektive ist das verständlich: Garth Brooks ist einer der größten Superstars des Landes, füllt mühelos ganze Football-Stadien mit Fans und ist der zweitumsatzstärkste Musiker in den Staaten, gleich hinter den Beatles. Adeles Frage muss für ihn also ungefähr so klingen, als würde in Deutschland jemand fragen: »Wer ist Herbert Grönemeyer?« Doch dass Adele Brooks nicht kennt, ist ebenso nachvollziehbar: In der europäischen Popmusik spielt der Country-Titan kaum eine Rolle.

Der besagte Busfahrer weiht Adele in die Geheimnisse der Countrymusik ein und nimmt sogar Mixtapes für die Sängerin auf, um ihr die Musik näher zu bringen. Adele hört die Songs von Johnny Cash und Dolly Parton. Als sich in der Crew herumspricht, dass die britische Sängerin gerade auf dem Country-Trip ist, steigen auch die anderen ein und versorgen Adele mit jeder Menge neuer Musik. Das Genre, in dem vor allem ursprüngliche Sounds und gute Geschichten im Vordergrund stehen, fasziniert Adele. Sie nimmt den Einfluss mit nach England – und man hört ihn zum Beispiel in »Rolling in the Deep«. Es dauert gerade einmal zwei Stunden, bis der Song fix und fertig ist.

Nicht nur musikalisch, sondern auch gesangstechnisch motiviert Epworth Adele zu Höchstleistungen. »Ich habe in diesem Song Töne getroffen, von denen ich nicht gedacht hätte, dass ich sie je erreiche«, verrät die Sängerin später. Sie und Epworth nehmen verschiedene Gesangs-Takes auf, verwenden aber schließlich den ersten, denn bei keiner der späteren Aufnahmen klingt Adele so schön wütend. Die beiden möchten erreichen, dass Adeles Zuhörer denken: »Verdammt, sie wird diesen Typen [›Mr. 21‹] umbringen.« Adele möchte aber auch, dass ihr Humor in dem Stück zur Geltung kommt. Beides gelingt ihr im allerersten Versuch am besten. »Adele hat damals echt was durchgemacht«, erinnert sich Epworth in einem Interview mit der *New York Times*. Ihr Herz sei gebrochen gewesen und man könne ihre Wut und ihre Traurigkeit hören – und er glaube nicht, dass man diese Gefühle beliebig reproduzieren könne. Seine Vermutung sei, dass sie an jenem Tag etwas in ihrer Stimme gehabt hätte, das sich nicht wiederholen lasse.

Im Musikvideo zu »Rolling in the Deep« ist vor allem eins zu sehen: Adele. Mehr braucht es nämlich nicht, damit der Song seine volle Wirkung entfalten kann. Auf die Idee, den Clip minimalistisch zu halten, kommt Regisseur Sam Brown, der damit ein gutes Händchen beweist und Adeles Hit-verdächtiges Lied um ein ebenso Hit-verdächtiges Video erweitert. Tatsächlich wird der Clip 2011 für sieben MTV Video Music Awards nominiert und gewinnt immerhin drei davon.

Am 29. November 2010 erscheint »Rolling in the Deep« und macht der Welt mehr als eindrucksvoll deutlich: Adele ist wieder da – und sie strotzt nur so vor Energie. In ihrer Heimat erreicht die Single »nur« Platz zwei, doch in den USA gelingt Adele der erste Nummer-eins-Hit ihrer Karriere, wenn auch mit etwas zeitlicher Verzögerung. Am 25. Dezember 2010 landet »Rolling in the Deep« zunächst auf Platz 68. Die Pole Position gelingt Adele erst gute fünf Monate später.

Noch heute ist »Rolling in the Deep« einer von Adeles größten Klassikern. Nur ein Song von ihr hat auf Spotify mehr Plays – interessanterweise die Ballade »Someone Like You«, die Adele ursprünglich hatte ausarbeiten wollen, als sie sich nach der Trennung von »Mr. 21« mit Produzent Paul Epworth getroffen hatte. Dazu kommen wir gleich noch. Zunächst unternehmen wir eine kleine Exkursion zur Grammy-Verleihung 2011 und klären die Frage, wer Sasha Carter ist.

SASHA CARTER

Von anderer Stelle in diesem Buch wissen wir bereits: Schon in Adeles Kindheit dreht sich alles um das Thema Musik. Da, wo andere Kids auf dem Schulhof Gummitwist, Verstecken oder Fangen spielen, singt sie mit Freundinnen um die Wette. Hoch im Kurs stehen wie bereits erwähnt die Songs der

Spice Girls und von Britney Spears. Doch mit zunehmendem Alter wandelt sich auch Adeles Musikgeschmack.

Als Adele kurz vor der Pubertät steht, taucht sie, inspiriert durch ihren neuen Freundeskreis, in die Welt des R&B ein. Eine Künstlerin begeistert sie ganz besonders, was wohl viele Menschen weltweit nachvollziehen können: Beyoncé Knowles. Damals ist die Sängerin noch Teil der Girlgroup Destiny's Child und ihre kraftvolle Stimme, ihre ermutigenden Texte und ihre unverkennbare Art zu singen haben es der jungen Adele angetan. Schon mit elf Jahren gibt sie alles, um genauso zu klingen wie ihr neues Vorbild – und Beyoncé bleibt ein immerwährender Einfluss für Adele. Bei den Grammys 2017 bezeichnet sie »Queen B« sogar als »Künstlerin ihres Lebens«.

Charakterlich könnten sich die beiden sogar recht ähnlich sein: Nach außen sind sie toughe Frauen, die nichts erschüttern kann. Doch hinter der Fassade verbergen sich schüchterne Persönlichkeiten, die vor großen Auftritten unter Lampenfieber leiden. Beyoncé hat eine Methode gefunden, mit dieser Nervosität umzugehen: Sie hat sich ein Alter Ego namens Sasha Fierce zugelegt, das es ihr leichter macht, in die Rolle einer Performerin zu schlüpfen. »Sasha taucht in dem Moment auf, bevor ich unruhig werde«, erklärt Beyoncé in einem Interview mit Oprah Winfrey. »Dann ändert sich meine Haltung und die Art, wie ich rede.« Mithilfe der Kunstfigur gelingt es der Sängerin, ihre Ängste zu besiegen und die bestmöglichen Auftritte hinzulegen. Adele soll diese Methode durch Beyoncé ebenfalls für sich entdecken.

Auch als Adele selbst berühmt ist, reißt ihre Begeisterung für ihre Lieblingskünstlerin nicht ab. So besucht sie 2011 eine Grammy-Party, als etwas passiert, das sie später als eines der Highlights ihres Lebens bezeichnen wird: Sie trifft »Queen B« persönlich! Und das ist noch lange nicht alles.

Anstatt sich über das Kennenlernen zu freuen, bekommt Adele erstmal eine ausgewachsene Panikattacke. Als ihr Idol dann auch noch durch die Tür schreitet, zu Adele geht und sagt: »Du bist toll! Wenn ich dich singen höre, fühlt sich das an, als würde ich Gott zuhören«, ist es mit Adele völlig zu Ende. Sie flüchtet auf den Balkon und bricht atemlos zusammen. Sie ist völlig überwältig und beginnt sogar zu weinen. Doch dann rappelt sie sich auf und fragt sich: »Was würde Sasha Fierce jetzt tun?« Es ist die Geburt von Sasha Carter (einer Mischung aus Sasha Fierce und der Country-Sängerin June Carter, später June Carter Cash), Adeles eigenem Alter Ego. Es wird von jetzt an immer dann auf den Plan treten, wenn Adele von ihren Gefühlen und ihrer Nervosität übermannt wird – genau wie bei Beyoncé.

Im Lauf der Jahre betonen die beiden Künstlerinnen in Interviews immer wieder, wie sehr sie einander schätzen. Besonders deutlich wird das bei den Grammys 2017, vor allem von Adeles Seite. In jenem Jahr ist Beyoncés großartige sechste Platte *Lemonade* in insgesamt neun Kategorien nominiert, darunter als »Album des Jahres«. Auch Adeles dritter Langspieler *25* ist ein Anwärter auf die Trophäe. Für sie ist es eine große Ehre, in derselben Kategorie nominiert zu sein wie ihr Idol. Doch dann verläuft der Abend unerwartet. Denn tatsächlich geht der Grammy an Adele, die das auf keinen Fall so stehenlassen möchte. Sie bedankt sich bei ihrem 2012 geborenen Sohn Angelo, ihrem Mann und allen Beteiligten, fährt dann aber damit fort, dass sie den Preis nicht annehmen kann. Der Grund: Sie ist der Überzeugung, dass Beyoncé die Trophäe hätte erhalten sollen. Adele bezeichnet *Lemonade* als monumental, voller Seele und wichtig, vor allem für die Schwarze Community. Als Zeichen ihrer Anerkennung bricht Adele den Preis kurzerhand durch, um ihn mit ihrer

Kollegin zu teilen. Beyoncé bedankt sich bei ihrer Bewunderin – und hat sichtlich Tränen der Rührung in den Augen.

Als sich die beiden später hinter den Kulissen treffen, unterstreicht Adele noch einmal ihr Unverständnis über den Gewinn. Die Verantwortlichen bei den Grammys wüssten gar nicht, was ein visuelles Album sei, wie *Lemonade* eins ist. In einem späteren Interview mit der *Vogue* erklärt Adele, die Grammy-Jury wüsste nicht, wie Beyoncé die Kunst mit ihren Veröffentlichungen vorantreibe.

2023 sind wieder beide Frauen für das Album des Jahres nominiert – Adele für *30* und Beyoncé für *Renaissance*. Doch dieses Mal macht jemand ganz anderes das Rennen: Harry Styles.

»SET FIRE TO THE RAIN«

London, 2010. Adele sitzt im Studio von Produzent Fraser T. Smith in Fulham. Sie trinkt Kaffee und auf ihrem Schoß sitzt Dackel Louie. Die Sängerin notiert sich Texte. Smith spielt eine Melodie auf dem Klavier. Es ist der Moment, in dem die zweite Single von Adeles Hit-Album *21* entsteht: »Set Fire to the Rain«.

Fraser T. Smith hat eine lange Erfolgsgeschichte als Produzent hinter sich. Vor seiner Kooperation mit Adele arbeitet er zum Beispiel mit Taio Cruz zusammen, mit dem er den britischen Nummer-eins-Hit »Break Your Heart« umsetzt. Nach seiner Zeit mit Adele produziert er unter anderem Songs mit Kasabian und Sam Smith. Adele weiß von seinen Qualitäten als Songschreiber – und bittet ihn für »Set Fire to the Rain« um Unterstützung.

Zur Entstehung des Liedes gibt es mehrere Geschichten, die in Kombination sogar alle stimmen könnten. Geschichte 1: Es geht in dem Song um die Zeit, als Adele nach »Mr. 19« mit »Mr. 21« zusammenkommt, der sie aufbaut und sich ihr zuwendet. Doch auf lange Sicht merkt Adele: Auch er ist ein »Dickhead«. Geschichte 2: Während der Songwriting-Session möchte Adele eine rauchen gehen. Weil es regnet, funktioniert ihr Feuerzeug nicht und sie kommt auf den Titel des Songs – auf dem Weg zum Klo. Geschichte 3: Ein Freund weist Adele darauf hin, dass ihr Song »Chasing Pavements« zwar schon gut sei, aber noch keine großartige Gay-Hymne. Adele fühlt sich herausgefordert – und schreibt »Set Fire to the Rain«. Welche Story stimmt oder ob sie möglicherweise alle wahr sind, weiß wohl nur Adele selbst.

Den Schlagzeugbeat für die Nummer hat Produzent Smith bereits im Kopf, als er sich mit Adele trifft. Auch ein paar Akkorde hat er sich notiert. Der Rest passiert beinahe wie von Zauberhand durch die Zusammenarbeit der beiden. »Wir haben den Song einfach innerhalb weniger Stunden zusammengeschrieben«, berichtet Smith in einem Interview.

Für etwas Verzögerung sorgt Adeles Dackel Louie. Er nimmt die Aufnahmen nämlich nicht ganz so ernst wie sein Frauchen und Produzent Smith, sondern jault, versucht das Studio vollzupinkeln und knabbert Kabel an. Smith stehen die Schweißperlen auf der Stirn. »Ich bin dabei, einen der besten Songs meiner Karriere zu produzieren und dieser Hund nimmt mein Studio auseinander«, denkt er laut eigener Aussage. Ganz so schlimm kommt es zum Glück nicht. Und siehe da: Irgendwann nimmt Louie auf Adeles Schoß Platz und spornt sie zu Höchstleistungen an. Das Ergebnis spricht für sich, wie Smith erklärt: »Einige der besten Takes sind mit ›dem Würstchen‹ auf ihrem Schoß entstanden.«

Als Produzent des Songs war eigentlich Rick Rubin vorgesehen gewesen. Doch die Demoaufnahme mit Smith gelingt so gut, dass Adele sich dazu entscheidet, diese Version zu verwenden. Das Schlagzeug und die Streicher werden nachträglich aufgenommen.

Am 4. Juli 2011 erscheint »Set Fire to the Rain« und beschert Adele einen Rekord. Zum dritten Mal in Folge stürmt sie die Spitze der britischen Singlecharts. Dadurch zählt *21* zum exklusiven Kreis der insgesamt sechs Alben, die innerhalb eines Jahrzehnts mindestens drei Nummer-eins-Singles hervorgebracht haben. Die anderen fünf Platten: *Teenage Dream* von Katy Perry (5 Nummer-eins-Singles), *Loud* von Rihanna (3 Nummer-eins-Singles), *1989* von Taylor Swift (3 Nummer-eins-Singles), *Purpose* von Justin Bieber (3 Nummer-eins-Singles) und *Scorpion* von Drake (3 Nummer-eins-Singles).

Zu einem Musikvideo kommt es trotz des Erfolgs der Single nicht, denn 2011 hat Adele mit reichlich Schwierigkeiten zu kämpfen, wie wir gleich noch erfahren werden. Doch als sie am 22. September 2011 in der Royal Albert Hall auftritt, entsteht dabei ein Live-Video des Songs, für das die britische Sängerin im Jahr 2013 sogar den Grammy für die beste Pop-Solo-Performance entgegennehmen darf. Kommen wir nun zu Adeles mit Abstand größtem Hit.

»SOMEONE LIKE YOU«

Einer der letzten Songs, die für *21* entstehen, hat es besonders in sich. Denn nachdem Adele in Stücken wie

»Rolling in the Deep« und »Rumour Has It« ziemlich auf ihrem Ex-Partner herumgehackt hat, findet sie in »Someone Like You« noch einmal versöhnlichere Worte – und landet damit den größten Hit ihrer Karriere.

»Ich wollte keine Bitch mehr sein«, gibt sie in einem Interview zu Protokoll. Ihre Wut auf ihren Ex hat nachgelassen und zum Abschluss der Arbeit an *21* möchte sie die gemeinsame Zeit noch einmal etwas wertschätzender behandeln. Es habe sie nicht nur befreit, sondern auch ausgelaugt, ihren Ex-Freund so schlecht darzustellen. Denn obwohl sie gekränkt sei und Teile der Beziehung bereue, sei er ein sehr wichtiger Mensch in ihrem Leben gewesen. »Ich musste ›Someone Like You‹ schreiben, um mich okay zu fühlen und die zwei Jahre mit ihm okay zu finden«, erklärt Adele. Dabei ist der Auslöser für ihren Gedanken eine Nachricht, die bei der Sängerin zunächst für viel schlechte Laune sorgt: Nur wenige Monate nach ihrer Trennung ist »Mr. 21« schon wieder verlobt.

Als Adele von der anstehenden Hochzeit ihres Ex-Partners erfährt, ist es Oktober 2009 und sie sitzt zuhause auf ihrem Bett. Sie wartet darauf, dass ihre Badewanne vollgelaufen ist. Sie kann die Neuigkeit kaum glauben – und kommt sofort auf die Idee zu »Someone Like You«. Zum Glück ist sie am nächsten Tag sowieso mit Produzent Paul Epworth verabredet, sodass sie das Stück sofort mit ihm ausarbeiten kann. Oder doch nicht? Wir erinnern uns an das Kapitel über »Rolling in the Deep«: Epworth merkt sofort, dass Adele wütend ist und möchte nichts von einer emotionalen Ballade hören. Adele soll Dampf ablassen. »Someone Like You« entsteht daher etwas später in Kalifornien – mit Semisonic-Gitarrist Dan Wilson.

Etwa zwei Tage brüten er und Adele über dem Song und entscheiden sich schließlich dazu, ihn minimalistisch zu halten.

Sie schreiben das Stück, nehmen es auf – und fertig. Kein zweiter Versuch, kein doppelter Boden, sondern echte Gefühle. Dazu passt auch die Herangehensweise beim Ausarbeiten des Songs, wie Wilson später in einem Interview beschreibt. Es sei nicht darum gegangen, das Lied so zu schreiben, dass möglichst jeder etwas damit anfangen könne, sondern so, dass es vor allem für Adele funktioniere. Adele wiederum gibt zu Protokoll, dass sie sich sehr schlecht und einsam gefühlt habe, als der Song entstanden sei. Während sie ihren Ex-Freund bei »Rolling in the Deep« noch habe wissen lassen, dass es ihr auch ohne ihn gut gehen werde, sagt sie zu »Someone Like You«: »Da gehe ich auf meine Knie.« Der Song handele von ihrer Angst, etwa 40 Jahre alt zu sein und zu sehen, dass es ihrem Ex-Partner gut gehe und er Frau und Kinder habe, während sie immer noch alleine dastehe. Dass Adele von dieser Angst verfolgt wird, liegt wohl auch daran, dass sie selbst darüber nachgedacht hatte, »Mr. 21« heiraten zu wollen. »Aber er wollte nicht«, erklärt sie. Kein Wunder also, dass für sie eine Welt zusammenbricht, als sie kurz nach ihrer Trennung erfährt, dass ihr eigentlich heiratsunwilliger Ex-Partner nun plötzlich verlobt ist. »Das war einfach das schrecklichste Gefühl aller Zeiten.« Doch der Song »Someone Like You« habe Adele Frieden geschenkt. »Ich glaube nicht, dass ich je wieder so ein Lied schreiben werde«, räumt sie ein. »Ich denke, das ist der Song, für den man sich an mich erinnern wird.« Natürlich nicht nur, aber sicherlich auch, ja.

Als »Someone Like You« am 24. Januar 2011 zeitgleich mit Adeles zweitem Album *21* erscheint, landet die Single auf Platz 36 der britischen Charts. Eine Woche später ist der Song bereits auf Platz 33 geklettert. So richtig zur Geltung kommt die Single aber erst in der Chartwoche vom 20. Februar bis zum 26. Februar 2011, denn da steht »Someone Like You«

endlich auf der wohlverdienten eins. Aber warum? Ganz einfach: Am 15. Februar gibt Adele das Stück bei den BRIT Awards 2011 zum Besten und setzt damit ganz Großbritannien darüber in Kenntnis, dass es den Song gibt.

Das Musikvideo erscheint acht Monate nach der Single-Veröffentlichung, und zwar am 29. September 2011. In dem schwarzweißen Clip ist Adele zu sehen, wie sie durch Paris läuft und den Song singt.

Leider bringt das Jahr 2011 aber nicht nur große Erfolge für Adele – sondern auch große Schwierigkeiten.

STIMMPROBLEME

Nach der Veröffentlichung ihres zweiten Albums *21* liegt Adele die Welt zu Füßen. Klar, dass sie diesen Aufwind nutzt, um ausführlich auf Tour zu gehen. Sie startet ihre erste große Konzertreise mit dem Titel *Adele Live*. Im Frühjahr 2011 geht es los und alles läuft richtig gut. Doch als Adele schon zahlreiche Shows hinter sich hat, brechen für die Sängerin auf einmal schwierige Monate an.

21. März 2011, Rockefeller Music Hall in Oslo. Ungefähr 1.000 Menschen warten darauf, Adele live zu sehen. Eine putzige Menge an Menschen, wenn man bedenkt, was die britische Musikerin heute für ein Superstar ist. Doch obwohl Adele gerade das Album veröffentlicht hat, mit dem sie ihren großen Durchbruch feiern wird, steht sie noch immer am Anfang ihrer Karriere. Sie hat gut vorgelegt. Nun muss sie sich noch international beweisen.

Adeles Bühnenshow ist damals noch sehr einfach. Produktionsdesigner Rob Sinclair setzt ganz bewusst auf eine zurückhaltende Gestaltung und lässt 96 Lampenschirme im Bühnenbild anbringen, die mit gewöhnlichen 60-Watt-Glühbirnen betrieben werden. Er möchte, dass vor allem Adeles Stimme zur Geltung kommt. Keine Laser, kein Konfetti und keine hektischen Visuals sollen das Publikum davon ablenken.

Schon etwas opulenter als die visuelle Gestaltung der Bühne fällt Adeles musikalische Begleitung auf der Tournee aus. Zwölf Streicher reisen mit ihr und spielen Geige, Bratsche und Cello. Außerdem hat Adele Background-Sängerinnen dabei, zusätzlich zu ihrer Band. Einen kleinen Spaß erlaubt sich der technische Leiter Dave McDonald beim Klavier. Denn auch, wenn das Piano auf der Bühne sehr klassisch aussieht, verbirgt sich in dem Gehäuse ein moderner Synthesizer mit einstellbaren Sounds.

Nach zwei Konzerten in Oslo und Stockholm reist Adele nach Deutschland. Am 26. März 2011 tritt sie im Docks in Hamburg auf, am 27. März im Huxleys in Berlin. Im Münchner Kesselhaus gastiert sie am 29. März. Und am 7. April kehrt sie für eine weitere Deutschland-Show zurück, diesmal ins Bürgerhaus Stollwerck in Köln. Einen Abend nach dem anderen gibt Adele alles – und erobert endgültig die Herzen ihrer Fans in Europa.

Am 12. Mai 2011 reist Adele wieder in die USA und eröffnet den zweiten Teil ihrer Tour. Erster Halt: Washington, D.C., die US-amerikanische Schaltzentrale. Anschließend geht es nach Philadelphia, Boston, New York City und viele weitere Städte. Insgesamt 19 Termine sind geplant – doch leider kann Adele nur zehn davon absolvieren. Ihren Auftritt in Denver am 28. Mai 2011 schafft sie noch. Danach holt sie ein Problem ein, mit dem sie schon früher im Jahr zu kämpfen hatte: Ihre Stimme macht nicht mehr mit.

Mal ein Liedchen unter Dusche zu trällern, ist das eine. Das reizt die Stimmbänder kaum und Ottonormalverbraucher tragen in der Regel keinen bleibenden Schaden davon, wenn sie mal länger als üblich singen. Doch Popstars wie Adele beanspruchen ihre Stimme täglich auf einem Niveau, das dem von Leistungssportlern ähnelt. Nur Opernsänger verlangen ihrem Organ noch mehr ab, stehen aber auch bei weitem nicht so häufig auf der Bühne. Im Mai 2011 wird das ganze Touren zu viel für Adeles Stimme. Sie hat eine Kehlkopfentzündung – und muss neun US-Shows absagen.

Nach einem Monat Pause, den Adele zuhause verbringt, steht sie wieder auf der Bühne. Sie gastiert am 2. und 7. Juli 2011 in ihrer Heimatstadt London. Einige Wochen später geht es erneut in die Staaten und Adele holt die neun Shows nach, die sie zuvor hatte absagen müssen. Den zweiten Teil ihrer Europa-Tour muss sie wieder verschieben, weiter geht es am 13. September in Leicester. Aber es hat keinen Zweck. Adele singt noch einige Shows, darunter ihre legendäre Performance in der Londoner Royal Albert Hall am 22. September 2011. Nach ihrem Auftritt in Glasgow am 25. September ist Schluss. Erneut versagt Adeles Stimme. Und diesmal ist es nicht damit getan, dass sie sich auskuriert. Nein, eine der größten Sängerinnen des 21. Jahrhunderts muss an den Stimmbändern operiert werden.

AUF DEM OP-TISCH

Herbst 2011. Es scheint nicht gut um Adele zu stehen. Schon mehrfach hat ihre Stimme versagt, nun muss sie sogar operiert werden. Ihre restlichen Tourtermine hat sie abgesagt. Dass ihre Stimme wieder in Ordnung kommt, wissen wir heute zum Glück. Zu verdanken hat sie das einem ganz besonderen Arzt.

»Leute, es bricht mir das Herz«, schreibt Adele damals in ihrem offiziellen Statement. Sie habe erneut Probleme mit ihren Stimmbändern und könne es selbst nicht glauben. Sie halte sich an alle Regeln der Ärzte – doch das sei wohl einfach nicht genug.

Zunächst leidet Adele »nur« an einer Stimmbandblutung. In einem Artikel der *Los Angeles Times* vom 7. November 2011 erklärt Dr. Lee Akst, seines Zeichens Laryngologe und Direktor am Johns Hopkins Voice Center in Baltimore, was genau das Problem ist. »Immer, wenn wir unsere Stimmbänder benutzen, um zu singen oder zu sprechen, vibriert ein Stimmband gegen das andere«, erklärt er. Das führe zu kleinen Kollisionen – und je lauter und höher man singe, desto stärker seien diese Kollisionen. Das wiederum führe gegebenenfalls zu Blutergüssen an den Stimmbändern. Sie seien dann nicht mehr fähig zu vibrieren und dadurch entstehe Heiserkeit. Adele selbst beschreibt den Verlust ihrer Stimme folgendermaßen: »Es war so, als hätte jemand einen Vorhang über meinen Kehlkopf gelegt.« So weit, so schlecht. Doch das war es noch nicht: Adele leidet auch noch unter einem Polypen am Stimmband. Beides soll in einer OP behoben werden.

Operiert wird Adele in der ersten Novemberwoche, und zwar von Steven M. Zeitels in den USA. Es ist wohl unnötig zu erwähnen, dass Adele nur einen absoluten Profi an ihr Gesangsorgan lässt. So hat Zeitels bereits Aerosmith-Sänger Steven Tyler betreut, ebenso wie The-Who-Frontmann Roger Daltrey – und zwar nur einen Monat vor dessen Auftritt im Rahmen der Super-Bowl-Halbzeitshow 2010. Zeitels ist ein absoluter Experte seines Fachs. Wird er es schaffen, Adeles Stimme wieder zu richten?

Nach der OP erteilt Zeitels der Sängerin absolutes Redeverbot. Kommunizieren darf sie nur per Notizblock, auch zuhause. Als ihr das auf die Nerven geht, schafft sie sich eine App an, in die sie Dinge eintippen kann, damit sie von einer Computerstimme wiedergegeben werden können. Doch es ist gar nicht so einfach, ein Programm zu finden, das auch wirklich ... äh ... zu Adele passt. »Ich liebe es, zu fluchen«, verrät sie in einem Interview. »Das geht aber mit den meisten Apps nicht. Irgendwann habe ich eine gefunden, mit der Schimpfworte möglich sind, damit ich meinen Standpunkt auch wirklich klar machen kann.« Die wichtigen Dinge.

Noch im November kann Adele ihren Fans Entwarnung geben: Die OP ist geglückt und ihr Arzt Zeitels ist sehr guter Dinge. »Danke für all eure positiven Gedanken und eure Genesungswünsche«, schreibt Adele ihren Fans via Social Media. Sie entspanne sich jetzt einfach, bis sie Entwarnung von ihrem Ärzte-Team bekomme.

Interessant ist übrigens, dass Adele damals in einem Interview verrät, dass sie ihre Stimmbänder gar nicht nur *auf* der Bühne schädigt, sondern auch abseits davon. Sie habe eine sehr gute Singtechnik, was Zeitels ihr bestätigt habe. Doch vor allem ihre Art zu reden (und zu rauchen, hust) beanspruche ihre Stimme stark.

Im Januar 2012 folgt die große Abschlussbegutachtung von Adeles Stimme. Dafür fliegt die Sängerin erneut in die USA und ist natürlich mehr als gespannt und nervös. Sie möchte unbedingt wissen, ob die OP wirklich zu 100 Prozent geglückt ist. Zeitels untersucht Adele und stellt fest: alles gut. Doch eine letzte »Prüfung« steht noch aus. Der Arzt bittet Adele, zu singen. Sie wählt den Song »Rolling in the Deep« und stellt eindeutig klar: Ihrer Stimme geht es besser denn je. Später soll Zeitels sagen, dass es ihn in diesem Moment mit viel Glück erfüllt habe, eine so tolle Stimme wiederhergestellt zu haben, die Millionen von Menschen Freude bringe und inspiriere. Adele selbst freut sich natürlich auch riesig, was sicher untertrieben ist. Schon im Oktober hatte sie in einem Statement angekündigt: »Wenn ich wieder da bin, werde ich den Ball aus dem Park schlagen.« Und wie sie das wird! Denn wenig später feiert sie ein riesiges Comeback und untermauert endgültig ihren Status als eine der größten Pop-Queens des 21. Jahrhunderts.

GRAMMY-REGEN

2012 soll Adele für alles entschädigt werden. Sie hat schwere Beziehungen hinter sich und ein Jahr, das sie fast ihre Stimme gekostet hätte. Sie hat sich an die Spitze der Pop-Welt gekämpft, dafür aber auch viele Rückschläge eingesteckt. Vergessen ist all das am 12. Februar 2012 noch nicht – doch es wird Adeles Abend werden.

Ihre ersten Erfolge bei den Grammys feiert Adele schon 2009 und 2010. So kassiert sie im Rahmen der Preisverleihung 2009 ganze vier Nominierungen für ihr Debütalbum *19* und kann immerhin zwei der begehrten Trophäen mit nach Hause nehmen. Die Kategorien: »Bester neuer Künstler« und »Beste weibliche Gesangsdarbietung – Pop« (für »Chasing Pavements«). In der zweiten Gattung erhält sie auch 2010 eine Nominierung, diesmal für »Hometown Glory«. Der Sieg bleibt aus. Doch Adele ist noch lange nicht fertig.

Bereits Ende 2011 erfährt sie, dass sie für die Grammys 2012 in satten sechs Kategorien nominiert ist. Darunter befinden sich auch die begehrtesten drei: »Single des Jahres«, »Lied des Jahres« und »Album des Jahres«. Diese Neuigkeit muss nach dem schwierigen OP-Jahr eine große Freude für die Sängerin sein. Aber: Nie im Leben rechnet sie damit, wirklich alle sechs Trophäen zu gewinnen. Findige Füchse ahnen an dieser Stelle bereits, wie diese Geschichte enden wird.

Als die Grammys am 12. Februar 2012 stattfinden, werden sie von mindestens zwei Todesfällen überschattet, zumindest für Adele. Zum einen stirbt am 20. Januar 2012 eine ihrer großen Heldinnen, Etta James. Sie wird 73 Jahre alt. Zum anderen legt sich am 11. Februar 2012, also nur einen Tag vor der Preisverleihung, der dunkle Schleier von Whitney Houstons Tod über die Grammys. Auch sie war für das Event nach Los Angeles gereist. Doch am Nachmittag zuvor wird sie tot in ihrem Hotelzimmer aufgefunden. Die Ursache: Herzprobleme und Kokain sorgen dafür, dass Houston in ihrer Badewanne ertrinkt. Sie wird nur 48 Jahre alt.

Als die Grammys am nächsten Tag verliehen werden, gedenkt Moderator und Rapper LL Cool J der verstorbenen Ausnahmesängerin. Die Musikwelt ist geschockt – doch nach einer Schweigeminute für Houston dreht sich die Erde langsam weiter.

Von zwei Grammys weiß Adele bereits, als die Veranstaltung beginnt, denn die Trophäen für das »Beste Gesangsalbum – Pop« und das »Beste Musikvideo« (für »Rolling in the Deep«) wurden ihr bereits bei einer vorherigen Verleihung überreicht. Doch vier Nominierungen sind noch offen. Wird sie tatsächlich alle sechs Grammys abräumen können?

Um 17:24 Uhr Ortszeit (Los Angeles) darf Adele zum ersten Mal zittern. Der Gewinner der Kategorie »Beste Pop-Solodarbietung« wird verkündet, sie ist nominiert. Und schon geht es gut los, denn sie Siegerin heißt: Adele. Sie erhält die Trophäe für ihren Mega-Hit »Someone Like You« und dankt in ihrer Rede unter anderem Steven M. Zeitels, also dem Arzt, der im Jahr zuvor ihre Stimmbänder wieder in Ordnung gebracht hat.

Um 18:52 Uhr ist die nächste Kategorie dran, in der Adele nominiert ist. Diesmal geht es um den Preis für den »Song Of The Year«. Erneut heißt die Gewinnerin: Adele. Es ist somit ihre vierte Trophäe bei den Grammys 2012 und sie erhält die Auszeichnung für »Rolling in the Deep«.

20:10 Uhr. Es geht an zwei der wichtigsten Kategorien des Abends. Als nächstes wird die Trophäe für die »Single des Jahres« verliehen. Halten wir uns nicht lange auf: Wieder wird Adele auf die Bühne gerufen, wieder für »Rolling in the Deep«. Was für ein Erfolg.

Doch das war immer noch nicht alles. Um 20:20 Uhr steht *der* Grammy an. Das »Album des Jahres« wird gekürt. Wird Adele auch hier gewinnen? Oder geht der Preis an die Foo Fighters und ihr Album *Wasting Light*, ebenfalls große Gewinner des Abends? Auch Lady Gaga ist mit *Born This Way* nominiert, ebenso wie Bruno Mars mit *Doo-Wops & Hooligans* und Rihanna mit *Loud*. Hochkarätige Konkurrenz, also. Aber wieder heißt die Siegerin: Adele.

Als sie nach vorne kommt, um ihren sechsten (!) Grammy einzusacken, kann sie die Tränen nicht zurückhalten. »Mum, girl did good«, lässt sie ihre Mutter wissen: »Mama, dein Mädchen hat es geschafft.« Und wie sie das hat. Das ist allerdings immer noch nicht alles.

Seit ihrer OP im Jahr 2011 hat Adele nicht mehr öffentlich gesungen. Bei der Grammy-Verleihung 2012 meldet sie sich zum Bühnendienst zurück und gibt »Rolling in the Deep« zum Besten, am Anfang sogar a capella. Sie klingt besser denn je. Ex-Beatle Paul McCartney jubelt ihr zu. Es ist Adeles Abend. Sie hat ihn sich mehr als nur verdient.

DIE FEINE ENGLISCHE ART

Nur neun Tage nach der Grammy-Verleihung finden die BRIT Awards 2012 statt und Adele reist mit sechs goldenen Grammophonen im Gepäck an. Auch an diesem Abend wird es gut für sie laufen – zumindest bis zu dem Zeitpunkt, als ein unglücklicher Umstand sie zu einer unfreundlichen Fingergeste verleitet.

Inzwischen ist Adele geschult, was Preisverleihungen betrifft. Schließlich hat sie schon mehr als genug Auszeichnungen erhalten. Auch ihre Gesangsauftritte wirken nach der Stimmband-OP schon wieder routiniert. So gibt die britische Sängerin bei den BRIT Awards 2012 einmal mehr »Rolling in the Deep« zum Besten, einen ihrer größten Hits. Doch als es an die Preisverleihung an sich geht, läuft es nicht ganz so rund, zumindest aus Perspektive der Veranstalter.

Adele ist an jenem Abend in drei Kategorien nominiert: »British Album of the Year«, »British Female Solo Artist« und »British Single«. Die letzte Trophäe luchsen ihr One Direction mit Harry Styles ab. Doch zwei BRIT Awards soll Adele für sich entscheiden.

Zur Verkündung der Gewinnerin in der Kategorie »British Female Solo Artist« betritt Kylie Minogue die Bühne. Freudig gibt sie bekannt: Adele ist die Siegerin! Die frischgebackene Preisträgerin kommt strahlend auf die Bühne – und als sie gleich neben der sehr zierlichen Kylie Minogue steht, kann sie sich einen Spruch nicht verkneifen. »In deiner Gegenwart sehe ich aus wie eine Dragqueen«, witzelt Adele. Beide lachen.

Wer in der Kategorie »British Album of the Year« gewonnen hat, wird von George Michael bekanntgegeben. Kann Ed Sheeran mit seinem Album *+* den ersten Platz abräumen? Machen Coldplay mit *Mylo Xyloto* das Rennen? Nehmen Florence + The Machine die Trophäe für *Ceremonials* entgegen? Oder gewinnt PJ Harvey mit *Let England Shake*? Natürlich alles falsch: Die Gewinnerin heißt Adele und das »British Album of the Year« ist ihre zweite Platte *21*. Dann wird es etwas holprig.

Wenn man den Preis für das »British Album of the Year« entgegennehmen darf, ist das schonmal ein Grund für eine Dankesrede. Genau das hat Adele eigentlich auch vor. Doch als sie gerade zu ein paar Worten ansetzen möchte, wird sie von Moderator James Corden unterbrochen. Die Sendezeit ist bereits überzogen und Blur sollen noch den BRIT Award für ihre »Outstanding Contribution to Music« bekommen. Adele fragt (völlig zurecht) genervt: »Willst du mir jetzt echt das Wort abschneiden?« So ist es, Adele wird von der Bühne gebeten. Da sieht die Sängerin rot. Sie blickt in Richtung der »Suits«, also der Anzugträger, die für die Planung der Veranstaltung verantwortlich sind – und hebt ihren Mittelfinger. Mehr Adele geht nicht.

Wenig später stellt die Sängerin klar, dass der Finger natürlich nicht ihren Fans gegolten habe, sondern den Menschen, die sie nicht hätten reden lassen. Dass es überhaupt dazu kommt, liegt übrigens unter anderem an Blur-Frontmann Damon Albarn, der sich für eine frühere Dankesrede am Abend so viel Zeit lässt, dass für Adeles Worte kein Raum mehr bleibt. Die Gruppe leistet also nicht nur Herausragendes für die Musik, sondern kann offenbar auch »outstanding« reden.

Für Adele ist all das nur ein klitzekleiner Stolperstein in ihrer unvergleichlichen Karriere. England weiß um ihre Qualitäten – weshalb ihr auch eine ganz besondere Ehre zuteilwird, von der Blur nur träumen können.

»SKYFALL«

Als wäre Adeles Jahr 2012 noch nicht erfolgreich genug gewesen, setzt sie nach der Grammy-Verleihung auch noch ein Projekt um, das bereits 2011 an sie herangetragen worden war: Sie darf den Titelsong für den 23. *James Bond*-Film von Eon Productions umsetzen. Wow!

Auf die Idee, Adele den nächsten *Bond*-Song komponieren und singen zu lassen, kommt Lia Vollack, ihres Zeichens Executive Director of the Worldwide Music Division von Sony Pictures. Sie ist sicher: Adeles Stimme ist gefühlvoll, eindringlich und betörend genug. Sie redet sogar vom »klassischen Shirley-Bassey-Gefühl«. Was das genau bedeutet, besprechen wir im nächsten Kapitel. Auch bei Eon Productions, der Produktionsfirma, die seit Jahrzehnten fast sämtliche *James Bond*-Filme umsetzt, zeigt man sich begeistert von Vollacks Plan. Nun muss nur noch die Sängerin selbst überzeugt werden.

Zunächst ist Adele zögerlich, da es sich um eine Auftragsarbeit handelt. »Meine Songs sind sehr persönlich«, lässt sie Sam Mendes wissen, den Regisseur, der den nächsten *Bond*-Film umsetzen soll. »Ich schreibe sie von Herzen.« Darauf hat Mendes eine einfache Antwort: »Dann schreib doch einfach einen persönlichen Song.« Er gibt Adele das Drehbuch. *Skyfall* steht auf dem Titelblatt – und Adele verschlingt es. Noch während sie das Skript liest, trifft sie eine Entscheidung: Sie nimmt die Herausforderung an und setzt sich an den nächsten *Bond*-Song.

Unterstützung bekommt Adele von Produzent Paul Epworth, den wir inzwischen schon kennen. Sein Vorteil: Er hat schon ein bisschen *Bond*-Erfahrung. Denn als er in den Neunzigern in den Londoner AIR Studios arbeitet, ist er an der Aufnahme des Soundtracks für den Film *Der Morgen stirbt nie* beteiligt.

Eon Productions gibt Adele und Epworth noch ein paar Vorgaben mit; so ganz frei entscheiden kann Adele also doch nicht, was aber nicht weiter schlimm ist. Die Sängerin findet sogar Spaß daran, beim Songwriting ein Muster zu verfolgen. In gerade einmal zehn Minuten entsteht der erste Entwurf für das Lied. Danach arbeiten sie und Epworth ganze 18 Monate an dem Stück, unterbrochen von Adeles Stimmproblemen und ihrer Operation. Sie schauen sich die alten *Bond*-Filme an und nehmen die bisherigen Songs systematisch auseinander. Sie fragen sich: Was ist das Besondere an einem *Bond*-Song? Epworth findet es heraus. Achtung, jetzt wird es kurz theoretisch: Entscheidend ist laut dem Produzenten die sogenannte »None«, die sich durch die *Bond*-Lieder zieht. Dabei handelt es sich um ein zusammengesetztes Intervall, das aus einer Oktave und einer Sekunde besteht. Klar soweit? Adele und er knacken jedenfalls den *Bond*-Code – und wenden ihn meisterhaft an.

Genau wie der Film, heißt auch der Song für den Streifen »Skyfall«. Er ist 4:46 Minuten lang und Adele zeigt darin wirklich alles, was sie kann. Ein langsamer Aufbau, ihre hypnotisierende Stimme und eine Atmosphäre, die einen als Hörer ganz und gar gefangen nimmt: Musste Adele zunächst selbst lernen, wie man einen *Bond*-Song umsetzt, lehrt sie es nun alle anderen. Nach dem ersten Refrain zitieren Epworth und sie sogar das originale *James-Bond*-Thema von Komponist Monty Norman, der anschließend nichts als Lob für diese Referenz übrighat.

Was den Text betrifft, versuchen Epworth und Adele dem Stück einerseits etwas Finales zu geben, dieses Finale aber auch wieder aufzubrechen. »Wenn die Welt untergeht und einem alles um die Ohren fliegt«, erklärt Epworth in einem Interview, »kann man das Ganze trotzdem überwinden, wenn man sich gegenseitig den Rücken stärkt. Vom Tod bis zum Triumph. Das wollten wir einfangen.«

Als die erste Demoaufnahme fertig ist, verschickt Adele ein Exemplar davon an Regisseur Sam Mendes. Der wiederum spielt das Stück der Filmproduzentin Barbara Broccoli und Bond-Darsteller Daniel Craig vor – und beiden schießen die Freudentränen in die Augen. Adeles Beitrag kommt hervorragend an und die Sängerin bekommt grünes Licht.

Aufgenommen wird »Skyfall« in den legendären Abbey Road Studios in London. Dabei ist Adele übrigens hochschwanger mit ihrem Sohn Angelo, weshalb ihre Stimme in dem Song etwas tiefer klingt als sonst und sie »Skyfall« nach der Geburt nur schwer live singen kann.

Für den Release des Songs überlegen sich das *Bond*-Team und Adele etwas ganz Besonderes. So wird das Stück nicht etwa um 0 Uhr veröffentlicht, wie eigentlich üblich. Nein, »Skyfall« erscheint am 5. Oktober 2012, dem »Global James Bond Day« zu Ehren des ersten *James Bond*-Films *Dr. No* – und zwar um 0:07 Uhr. Besser geht es nicht.

Auch die Chart-Performance des Songs kann sich sehen lassen. In Deutschland erreicht »Skyfall« die Pole Position, in der britischen Heimat immerhin den zweiten Platz. In den USA gelingt Adele mit der Nummer ein solider Platz acht, also immer noch eine Position in den Top Ten. Doch wie bei Adele üblich, ist das noch nicht alles.

EIN OSCAR FÜR ADELE

2013 hat Adele so ziemlich jeden Preis schon einmal gewonnen. Doch eine Trophäe fehlt noch in ihrem vermutlich echt großen Trophäenregal: ein Oscar. Am 10. Januar 2013 erfährt die britische Sängerin, dass sie mit »Skyfall« in der Kategorie »Bester Original-Song« nominiert ist. Doch wird sie die goldene Statue auch gewinnen?

Zunächst folgt ein kleiner Ausflug ins Geschichtsbuch, denn »Skyfall« ist nicht der erste *Bond*-Song, der eine Oscar-Nominierung absahnt. Bereits 1968 darf sich Burt Bacharach mit »The Look of Love« über diese Ehrung freuen. Er hatte das Stück für eine ältere Verfilmung der *Bond*-Geschichte *Casino Royale* komponiert. 1974 erhalten Paul und Linda McCartney mit »Live and Let Die« eine Nominierung. Komponist Marvin Hamlisch und Texterin Carole Bayer Sager landen 1978 für den Song »Nobody Does It Better« auf der Liste der potenziellen Gewinner. Es handelt sich dabei um den Song für den *Bond*-Film *Der Spion der mich liebte*. Weiter geht es 1982: Bill Conti und Mick Leeson werden für den Song »For Your Eyes Only« in die Riege der möglichen Preisträger aufgenommen. Das sind viele verschiedene Nominierte, doch eins haben sie alle gemeinsam: Keiner, wirklich keiner von ihnen gewinnt einen Oscar. Dann kommt Adele.

Wir wollten auch noch über Shirley Bassey reden. Denn die walisische Sängerin nimmt in der Geschichte der *Bond*-Lieder eine ganz besondere Rolle ein. Ganze drei Titelsongs hat sie für die britische Agentenfilmreihe eingesungen: »Diamonds Are Forever« (1971), »Moonraker« (1979) und einen der legendärsten *Bond*-Tracks aller Zeiten: »Goldfinger« (1964). Letzterer spielt auch in unserer heutigen Geschichte eine Rolle. Denn genau wie Adele ist auch Shirley Bassey bei der Oscar-Verleihung 2013 anwesend und gibt ihren *Bond*-Klassiker dort zum Besten, fast 50 Jahre, nachdem er rausgekommen ist. Adele singt natürlich auch »Skyfall«, sogar zum allerersten Mal live. Doch was ist denn nun mit ihrem Oscar?

Die Verkündung der Trophäe für den »Besten Original-Song« übernehmen im Jahr 2013 Richard Gere, Renée Zellweger, Queen Latifah und Catherine Zeta-Jones. »Und der Oscar geht an ...«, leitet Zellweger den spannenden Moment ein und öffnet den Umschlag mit der Karte, auf der steht, wer sich gleich über die Auszeichnung freuen darf. Sie zeigt die Karte Richard Gere und der verkündet: »Skyfall«. Sichtlich gerührt kommt Adele in Richtung Bühne, um den Preis entgegenzunehmen und hält natürlich auch eine Dankesrede.

Zumindest versucht sie es. Denn diesmal wird Adele nicht von jemand anderem unterbrochen, sondern sie unterbricht sich selbst. Als sie gerade aufzählen möchte, wem sie alles dankt, bricht sie in Tränen aus und muss stoppen. Sie grüßt noch schnell ihren Mann Simon; dann übergibt sie das Wort an ihren Komponistenkollegen Paul Epworth. Auch Epworth richtet Worte des Dankes an viele Menschen, die ihm und Adele den *Bond*-Song ermöglicht haben, ebenso wie seine Familie. Am Schluss verneigt er sich verbal vor Adele selbst – und die beiden verlassen voller Freude die Bühne.

Es ist Adeles erster Oscar und der erste Oscar für einen *Bond*-Song überhaupt – allerdings nicht der letzte. Auch Sam Smith und Billie Eilish erhalten die begehrte Trophäe später für ihre *Bond*-Kompositionen – nachdem Adele ihnen mit »Skyfall« den Weg geebnet hat.

ORDENSMITGLIED

Nun hat Adele aber wirklich genug Auszeichnungen, oder? Falsch. Ende 2013 holt sich die Ausnahmesängerin gleich noch eine Ehrung ab, genau wie zahlreiche britische Musikerinnen und Musiker vor ihr: Sie wird zum Member des Order of the British Empire ernannt. Doch was genau bedeutet das eigentlich?

Für uns in Deutschland klingt ein Ritterschlag wie etwas, das nur im Märchen stattfindet oder vor vielen Jahrhunderten. Doch in Großbritannien ist das Vergeben von Adelstiteln immer noch sehr geläufig. Jedes Jahr entscheidet die britische Regierung darüber, wer in den sogenannten Order of the British Empire aufgenommen wird. Dabei handelt es sich um einen britischen Ritterordern, ins Leben gerufen von König George V. im Juni 1917. Durch die Aufnahme würdigt die britische Regierung besondere Verdienste in unterschiedlichen Bereichen, wie zum Beispiel Wissenschaft und Kunst. Ordensträger ist allerdings nicht gleich Ordensträger.

Im Order of the British Empire gibt es fünf Abstufungen. Die höchste Stufe nennt sich »Knight Grand Cross« oder »Dame Grand Cross« (GBE). Als zweites folgen »Knight Commander« (KBE) und »Dame Commander« (DBE). Diese ersten Stufen sind in der Regel damit verbunden, dass die ernannte Person in den Ritterstand erhoben wird, sich also künftig »Sir« oder »Dame« nennen darf. Möglich ist das allerdings auch in niedrigeren Abstufungen. Stufe 3 ist der »Commander« (CBE). Ordensträger der Stufe 4 dürfen sich »Officer« (OBE) nennen. Und wer Stufe 5, also der niedrigsten, angehört, ist ein »Member« (MBE).

Ein gutes Beispiel für die unterschiedlichen Möglichkeiten, die es im Order of the British Empire gibt, sind die Beatles. 1965 werden alle vier Mitglieder der Band zum MBE ernannt, also genau wie später Adele. Doch auf individueller Ebene geht die Ordensgeschichte der »Fab Four« noch weiter. Denn teilweise werden die Musiker zusätzlich zum Ritter geschlagen. Der erste von ihnen ist Paul McCartney, der sich seit dem 11. März 1997 »Sir« nennen darf. George Harrison soll drei Jahre später zum Ritter ernannt werden, lehnt diese Auszeichnung allerdings ab. Bei Beatles-Schlagzeuger Ringo Starr dauert es ein wenig länger. Er ist erst seit dem 29. Dezember 2017 ein »Sir«. Und John Lennon stirbt, bevor er überhaupt die Möglichkeit dazu bekommt, zum Ritter geschlagen zu werden. Darüber hinaus beendet er seinen MBE-Status im Jahr 1969 als einziger Beatle aus freien

Stücken, um gegen die britische Regierung zu demonstrieren. Damit dürfte er sich für spätere etwaige Beförderungen ohnehin disqualifiziert haben.

Adeles Geschichte als Ordensträgerin beginnt im Dezember 2013. Ihren Status als Member des Order of the British Empire erhält sie für ihre Dienste an der Musik, die zu diesem Zeitpunkt schon lange nicht mehr von der Hand zu weisen sind. So hat sie mit ihrer zweiten Platte *21* (2011) nicht weniger als das meistverkaufte Album des 21. Jahrhunderts veröffentlicht und ist somit das wohl wichtigste aktuelle Aushängeschild der britischen Musikindustrie. Kaum jemand hat mehr Auszeichnungen erhalten als Adele. Und aus ihren Diamant-, Platin- und Goldschallplatten könnte die Sängerin inzwischen ein Haus bauen. Darauf ist man in Großbritannien völlig zurecht stolz – und Adele darf sich über eine weitere Ehrung freuen.

Ob Adele in Zukunft noch zu Dame Adele Laurie Blue Adkins ernannt wird? Möglich. Doch gemessen an der Geschichte der Beatles könnte das noch bis mindestens 2045 dauern.

Nun setzt Adele erstmal ihre Pause fort. Dann bricht das Jahr 2015 an.

»HELLO«

»Hello, it's me« – Mit diesen drei Worten meldet sich Adele im Oktober 2015 aus ihrer langen Pause zurück. Es ist ihre erste Single seit drei Jahren und sie knüpft damit an die nostalgische Ballade »Someone Like You« an. Um »Mr. 21« geht es diesmal allerdings nicht.

Als Adele auf die Bildfläche zurückkehrt, sind ihre Fans ausgehungert. Viel zu lange ist es her, dass die britische Sängerin ihre letzte Single »Skyfall« rausgebracht hat. Und schon fast fünf Jahre sind seit der Veröffentlichung ihres zweiten Albums ins Land gezogen. Viele freuen sich auf die Rückkehr der britischen Sängerin – und sie sollen nicht enttäuscht werden.

Als Adele damit beginnt, »Hello« zu schreiben, arbeitet sie mit Produzent Greg Kurstin zusammen. Sie stellen etwa die Hälfte des Stücks fertig, dann folgt eine längere Pause. Eine Woche vergeht, zwei Wochen, dann werden daraus Monate. Nach einer Weile fragt sich Kurstin, ob Adele den Song überhaupt noch beenden möchte. Doch dann, nach mehreren Monaten, ruft die Ausnahmesängerin an – und möchte »Hello« fertig schreiben.

Inhaltlich beschäftigt sich Adele in dem Song mit dem Erwachsenwerden, aber auch mit Einsamkeit und Heimweh. »Hello from the other side« bedeutet so viel wie: »Hallo, ich habe es in die Welt der Erwachsenen geschafft und grüße euch von hier. Ihr fehlt mir und es tut mir leid, falls ich euch wehgetan habe.« Der Text spiegelt ihr Leben wider, denn nach ihren ersten beiden Alben *19* und *21* sowie der Geburt ihres Sohnes Angelo ist ihre Zeit als Jugendliche endgültig vorbei. »Es hat sich so angefühlt, als würde es für uns alle weitergehen«, erklärt Adele. Der Song handele nicht von einer ehemaligen Partnerschaft, sondern von Adeles Beziehungen zu all den Menschen, die sie liebe. »Es ist nicht so, als hätten wir uns zerstritten«, erklärt sie weiter. Es sei einfach jeder mit sich selbst beschäftigt und Adele habe den Song geschrieben, um mit den anderen in Kontakt zu treten. Darüber hinaus gehe es in dem Lied darum, in Verbindung mit sich selbst zu bleiben. 2014 nimmt Adele den Song auf – und er ist bereit für die Veröffentlichung.

Am 18. Oktober 2015 ist es so weit. Während einer Ausstrahlung der britischen Castingshow *The X Factor* startet im Werbeblock plötzlich ein 30-sekündiger Clip, in dem »Hello« zu hören ist. Die Musikwelt flippt völlig aus: Adele ist wieder da – und schon am 23. Oktober erscheint die brandneue Single.

Anschließend stürmt »Hello« ohne Umwege auf Platz eins der britischen Charts. Genauso ergeht es Adele in vielen weiteren Ländern, wie zum Beispiel in Deutschland, den USA, Australien, Frankreich und Kanada. Im Grunde wäre es einfacher, die Länder aufzuzählen, in denen Adele mit dem Song *nicht* auf Platz eins landet.

Das Musikvideo zu »Hello« stammt vom kanadischen Schauspieler und Filmemacher Xavier Dolan und es zeigt Adele, wie sie mit einer jüngeren Version ihrer selbst in Verbindung tritt. Für die Umsetzung nutzt er hochwertige IMAX-Kameras, die bis dahin nur für große Hollywood-Produktionen zum Einsatz gekommen waren. Das Ergebnis kann sich erwartungsgemäß mehr als nur sehen lassen und der Clip dürfte der bis dato hochwertigste von Adele sein.

Als Co-Star engagieren Dolan und Adele den Schwarzen Schauspieler Tristan Wilds, was Adele im Rahmen der medialen Berichterstattung über Polizeigewalt in den USA ein besonderes Anliegen ist. Indem sie einen Darsteller aus der Schwarzen Community als ihren Leinwandpartner an Bord holt, möchte Adele ein Zeichen setzen. Wilds ist begeistert davon – und nimmt das Angebot an.

Für Diskussionen sorgt das Mobiltelefon im »Hello«-Musikvideo. Denn als der Clip entsteht, sind Smartphones längst Usus – eigentlich. Dennoch setzt Filmemacher Dolan im Video auf ein altmodisches Klapphandy, was viele Zuschauer irritiert. »Ich fühle mich nicht wohl damit, iPhones zu filmen«, erklärt der Regisseur. »Da komme ich mir vor, als würde ich einen Werbespot drehen.« Seiner Meinung nach würden Gegenstände wie Smartphones und Laptops das Publikum in die Realität versetzen. Doch das sei nicht das, was man als Zuschauer gerne habe. Denn wenn man ein Musikvideo schaue, wolle man sein eigenes Leben kurz verlassen und in das von jemand anderem eintauchen. »Ich verstehe jetzt, dass ich die Leute mit dem Klapphandy mehr verwirrt habe als alles andere, aber das war nicht meine Absicht«, erklärt Dolan später.

Als das Musikvideo erscheint, erreicht es fast 28 Millionen Views in nur 24 Stunden – ein neuer Rekord auf der Plattform Vevo. Und es bleibt nicht der einzige. Auch im *Guinness-Buch der Rekorde* ist der »Hello«-Clip zu finden, und zwar als Video, das am schnellsten – nämlich in nicht einmal 90 Tagen – die Marke von einer Milliarde Klicks erreicht hat.

Nach all den Erfolgen, die Adele mit »Hello« einfährt, ist klar: Sie hat nichts an Strahlkraft verloren. Als nächstes steht ihr drittes Album an.

25

Einen Tag vor der Veröffentlichung ihrer ersten Single seit Jahren kündigt Adele an, was alle hören wollen: Ihr drittes Album *25* steht in den Startlöchern und ist bereit für die Veröffentlichung. Damals hat sich bei der Sängerin einiges verändert. Sie hat einen neuen Partner, ist jetzt Mutter und überhaupt: Adele ist erwachsen geworden. All das verarbeitet sie auf ihrer dritten Platte. Doch beginnen wir vorn.

Wir reisen noch einmal kurz in das Jahr 2011 zurück. Adele hat gerade ihr zweites Album *21* aufgenommen, als plötzlich ein Mann in ihr Leben tritt, mit dem sie so gar nicht gerechnet hat: Simon Konecki. Die beiden lernen sich auf einer Charity-Gala kennen, angeblich mit etwas Nachhilfe von Ed Sheeran, der das aber dementiert. Dass Konecki überhaupt dort ist, liegt daran, dass er CEO der Non-Profit-Organisation Drop4Drop ist. Er und Adele verlieben sich – zunächst aber noch im Geheimen.

Einen ersten Hinweis auf die Beziehung der beiden gibt Adele ihren Fans im Dezember 2011, als sie ankündigt: »Ich werde anfangen zu twittern, wenn 10 000 von euch Drop4Drop folgen und sie bei ihrer Reise nach Indien diese Woche begleiten. Das ist eine wunderbare Wohltätigkeitsorganisation. Los!« Anfang 2012 wird die Beziehung der beiden langsam publik. Die beiden werden bei ihrem gemeinsamen Urlaub in Florida gesichtet, besuchen die Everglades und möchten Alligatoren sehen. Das ruft natürlich sofort die Boulevardpresse auf den Plan. Dort wird behauptet, Konecki habe sich bereits mit Adele getroffen, als er noch mit seiner vorherigen Frau Clary Fisher verheiratet gewesen sei. Adele veröffentlicht ein Statement dazu und stellt klar, dass Konecki bereits seit Jahren geschieden ist.

Am 12. Februar 2012 folgt der erste große öffentliche Auftritt des Paares: Konecki begleitet seine Adele zur Grammy-Verleihung und wird Zeuge, als sie sechs Trophäen abräumt. Ihre Stimmband-OP ist zu der Zeit bereits Vergangenheit und Adele lässt die Öffentlichkeit wissen, wie sehr Simon sie unterstützt habe.

Juni 2012: Nun geht alles ganz schnell. Adele ist schwanger und im Oktober ist es auch schon so weit. Der kleine Angelo kommt zur Welt – und stellt das Leben seiner frischgebackenen Eltern (wie es sich gehört) ziemlich auf den Kopf. Das Paar konzentriert sich auf das neue Familienleben, bis auf ein paar Unterbrechungen. Doch irgendwann nimmt Adele die Arbeit an ihrem nächsten Album auf, inspiriert durch ihren Sohn. Denn sie möchte, dass ihr kleiner Mann weiß, was seine Mama eigentlich macht. »Ich bin mir nicht sicher, ob ich in mein altes Leben zurückgekehrt wäre, wenn ich das Kind nicht bekommen hätte«, erklärt sie. Also: Danke, Angelo!

Ursprünglich plant sie ein Album über Mutterschaft. Schließlich ist das das Thema, das die britische Sängerin gerade am meisten beschäftigt. Ihr Sohn ist damals 18 Monate alt und Adeles Leben dreht sich fast ausschließlich um sein Wohlbefinden. Aber die Musikerin stellt auch fest: Ein komplettes Album über das Muttersein ist vielleicht etwas langweilig. Sie verwirft den Plan.

Auch danach mag es mit der Inspiration nicht so recht klappen. Egal, was Adele angeht: Der Funke zündet nicht. Ihr fällt nichts ein und das, was ihr einfällt, genügt nicht ihren Qualitätsansprüchen. Dieser Meinung ist auch Produzent Rick Rubin. Als Adele ihm ein paar neue Ideen vorspielt, zeigt sich der berühmte Rauschebartträger wenig begeistert. Er ist der Ansicht: Am wichtigsten ist, dass Adeles Stimme zur Geltung kommt. »Bei dem neuen Material war völlig klar, dass sie die Songs nicht in erster Linie selbst geschrieben hat«, erklärt der Produzent. Viele der Songs hätten geklungen, als hätten sie genauso gut für ein anderes Pop-Album verwendet werden können. »Es ist nicht nur ihre Stimme, wie sie irgendeinen Song singt, die Adele so besonders macht«, stellt Rubin klar. Er schickt die Musikerin wieder an den Schreibtisch. Adele bringt das nur kurz aus der Ruhe. »Ich konnte seine Kritik erstaunlich gut verdauen«, erinnert sie sich, »obwohl ich anfangs sehr erschüttert war.« Sie habe sich selbst nicht geglaubt, deshalb habe es sie nicht erschüttert, dass Rubin das gleiche zu ihr gesagt habe. Einmal mehr fängt Adele von vorne an. Doch dann beginnt eine Zusammenarbeit, die große Früchte tragen soll.

Greg Kurstin ist in diesem Buch bereits Thema gewesen. Er ist ein fähiger Produzent und wenn Adele mit ihm zusammenarbeitet, kommen die beiden auf gute Ideen. Dazu gehört der Song »Hello«, über den wir schon gesprochen haben. Und auch am Titel »Water Under the Bridge« arbeitet Kurstin mit. Genau wie »Hello« handelt der Song von großen Veränderungen. So geht es in dem Stück um den Anfang von Adeles Beziehung zu Simon Konecki, die sicher nicht nur leicht gewesen ist. Denn zum einen hat die Sängerin mit ihren damals 23 Jahren bereits mehrere Enttäuschungen hinter sich, zum anderen liest sich der Text des Stücks so, als hätte Konecki zu Beginn der Beziehung Schwierigkeiten damit gehabt, sich voll und ganz auf Adele einzulassen.

Als der musikalische Knoten geplatzt ist, arbeitet Adele für *25* auch mit anderen kreativen Köpfen zusammen. Da wäre zum Beispiel Max Martin. Auf ihn kommt Adele, als sie mit OneRepublic-Sänger Ryan Tedder beim Essen sitzt und plötzlich der Song »I Knew You Were Trouble« von Taylor Swift läuft. Tedder erzählt ihr, dass Martin den Song produziert hat – und von da an möchte auch Adele mit ihm zusammenarbeiten. Für *25* setzen sie und Martin das Stück »Send My Love (To Your New Lover)« um.

Auch mit Superstar Bruno Mars kooperiert Adele für ihr drittes Album, und zwar beim Song »All I Ask«. Hierzu gibt es eine besonders nette Anekdote. Denn laut Mars soll Adele bei den Gesangsaufnahmen mit ihrer Stimme ein Glas

Wasser im Studio zum Beben gebracht haben – ähnlich wie man es in dem Film *Jurassic Park* von 1993 sehen kann, als der T-Rex auftaucht und mit seinen schweren Schritten die Wassergläser im nahestehenden Auto erschüttert.

Für »Million Years Ago« setzt sich Adele noch einmal mit Greg Kurstin zusammen. Eigentlich sollte der Song gar nicht mehr auf dem Album landen, doch drei Tage, bevor die Platte in den Mix geht, entscheidet sich Adele dazu, das Stück doch noch darauf unterzubringen.

Zusätzlich zu den Songs, die tatsächlich auf *25* zu hören sind, entstehen für die Platte auch viele Nummern, die schlussendlich gar nicht veröffentlicht werden. Das bekommt zum Beispiel Rock- und Poplegende Phil Collins zu spüren. »Sie ist ein schlüpfriger kleiner Fisch«, stellt der Brite in einem Interview fest und meint damit Adele. Sie habe ihn angesprochen und gefragt, ob er nicht etwas Musik mit ihr schreiben wolle. Dann habe sie ihm Material geschickt, er habe sich etwas dazu überlegt. Und danach habe er nichts mehr von ihr gehört. Irgendwann habe er von ihrer neuen Platte erfahren. »Ich bin nicht dabei, das weiß ich«, erklärt Collins zu jener Zeit. Einen der größten Musiker Großbritanniens abzuservieren – das muss man auch erstmal bringen.

Im Jahr 2015 ist *25* fertig. Nach vielen Aufs und Abs ist Adele sehr zufrieden mit dem Ergebnis und kann es kaum erwarten, das Album zu veröffentlichen. Doch was wird die Welt zu ihrer Rückkehr sagen? Nun ja ... Sie hat eine sehr eindeutige Meinung zu der Platte.

25 erscheint am 20. November 2015 und wird förmlich aus den Regalen der Plattenläden gerissen. Millionen Exemplare gehen über die Ladentheke und Adele landet wirklich *überall* auf Platz eins. Sie kassiert Diamant, Platin und Gold im dreistelligen Bereich. Und einmal mehr wird Adele mit Preisen überhäuft, vom BRIT Award für das »British Album of the Year« bis zum Grammy für das »Album des Jahres«. Wieder einmal wird in ihrem Leben alles eine Nummer größer. Das gilt auch für ihre Live-Konzerte, denn zur Veröffentlichung von *25* startet Adele die erste Welttournee ihrer Karriere. Die Reise führt sie auch nach Australien, wo sie aus dem Stand in den größten Stadien auftritt. Und zum Abschluss der Tour singt sie im wohl legendärsten Fußballtempel ihrer Heimatstadt, und zwar gleich mehrfach.

HEIMSPIEL IM WEMBLEY-STADION

Immer, wenn man denkt, Adele hätte schon alles erreicht, kommt die britische Sängerin mit einem neuen Superlativ um die Ecke. Im Sommer 2017 plant sie vier Konzerte im legendären Londoner Wembley-Stadion. Es sind ihre bisher größten Shows und sie sollen ein Abschied sein. Doch nur zwei der vier Auftritte können stattfinden.

Mit ihrem dritten Album *25* geht Adele zum ersten Mal auf Welttournee. Europa, Nordamerika, sogar Australien: Adele singt, wo immer man sie hören will, also überall. 121 Shows kommen zusammen. Den Höhepunkt hebt sich Adele bis zum Schluss auf: vier Konzerte im Wembley-Stadion. Die Sängerin weiß noch nicht, ob sie danach noch einmal auf Tour gehen möchte und will sich in ihrer Heimatstadt verabschieden. Leider laufen die Abende nicht so wie gedacht.

Was die Setlist betrifft, überlegt sich Adele einen guten Querschnitt durch ihre Karriere. Sie beginnt mit der neuen Single »Hello«. Danach geht sie zu »Hometown Glory« über, was in ihrer Heimatstadt London natürlich nicht unklug ist. Sie singt insgesamt sechs Songs von ihrem neuen Album *25*, aber noch mehr von ihrer Erfolgsplatte *21*. Auch »Skyfall« gibt sie zum Besten, ebenso wie »Chasing Pavements«. In der Zugabe singt Adele noch »When We Were Young«, »Rolling in the Deep« und das Stück, das auf keinen Fall fehlen darf: »Someone Like You«. Es ist ein runder Abend und die circa 90 000 Fans gehen glücklich nach Hause. An Tag zwei dürfen sich die nächsten freuen.

Bei der Show am darauffolgenden Tag macht Adele alles noch einmal ganz genauso. »Never change a winning team«, heißt es im britischen Fußball. Und wo könnte Adele diese Regel besser anwenden als im Wembley-Stadion, einem Ort, an dem mehr als nur einmal Fußballgeschichte geschrieben wurde? Erneut singt sie sich durch ihre gesamte Karriere. Doch obwohl noch zwei Konzerte geplant sind, bleibt dieser Abend Adeles letzter im Wembley-Stadion. Sie muss die nächsten Termine absagen. Denn sie hat wieder Stimmprobleme.

»Dass es mir das Herz bricht, wäre untertrieben«, twittert Adele damals. Die insgesamt vier Shows im Wembley-Stadion wären die bisher größten Konzerte ihrer Karriere gewesen, doch sie habe mit ihrer Stimme zu kämpfen gehabt. Sie habe deutlich mehr Kraft aufwenden müssen als sonst – und das habe ihre Stimmbänder verletzt. »Auf medizinischen Rat hin kann ich am Wochenende leider nicht auftreten.« Sie habe darüber nachgedacht, wenigstens noch das Samstagskonzert zu singen. Doch es sei unwahrscheinlich, dass sie es durch das ganze Set schaffe. »Ich kann doch nicht vor euch allen zusammenbrechen und euch im Stich lassen«, ergänzt Adele. Darüber hinaus habe sie auch darüber nachgedacht, ob zwei Playback-Shows möglich wären, doch das könne sie nicht mit ihrem Gewissen vereinbaren. Also cancelt sie die letzten beiden Wembley-Shows.

Es sind ein paar düstere Tage für Adele und ihre Fans, vor allem, wenn man bedenkt, dass sie sich mit den vier Shows eigentlich hatte verabschieden wollen. Heute wissen wir zum Glück, dass Adeles Karriere noch viele Jahre weitergeht. Darüber werden wir gleich noch ausführlich sprechen. Doch nun geht es zunächst um eine Tragödie, die Adeles Heimatstadt im Jahr 2017 bis ins Mark erschüttert.

ADELES HELFENDE HAND

In der Nacht vom 13. auf den 14. Juni 2017 schaut die Welt schockiert nach London. Der Grenfell Tower brennt lichterloh, darin befinden sich 127 Wohnungen. 72 Menschen kommen bei dem Brand ums Leben, 70 weitere werden verletzt. Adele ist schockiert – und zeigt vollen Einsatz für die Opfer der Brandkatastrophe.

Schon am 15. Juni, als das Feuer noch brennt, fährt Adele mit ihrem Mann Simon zum Ort des Geschehens. Sie macht keine große Sache daraus. Lediglich ein paar Fans erkennen sie und posten Fotos in den sozialen Medien. Adele möchte vor allem eins: helfen. Sie tröstet die Menschen vor Ort und umarmt jeden, der möchte. Es ist nicht viel, was sie in dieser Situation tun kann, aber sie tut es. Und ihre Fans wissen es zu schätzen, dass sie nicht nur anwesend ist, um sich selbst zu vermarkten.

Vier Tage später. Adele besucht die Chelsea Fire Station, um den Feuerwehrleuten für ihren Einsatz am Grenfell Tower zu danken. Auch hier macht sie nicht viel Aufhebens. Sie klopft an die Fensterscheibe der Wache und ruft: »Ich hab' Kuchen!« Als ein Feuerwehrmann die Tür öffnet, nimmt die mysteriöse Frau ihre Sonnenbrille ab und sagt: »Hi, ich bin Adele.« Das passiert einem auch nicht alle Tage. »Wir waren total überrascht!«, erinnert sich Ben King an den Tag, der Stationsleiter der Wache. »Sie ist mit uns zur Messe gekommen, hat eine Tasse Tee mit uns getrunken und eine Schweigeminute mit uns eingelegt.« Die Feuerwehrleute könnten sich für die Unterstützung aus der lokalen Community gar nicht genug bedanken.

Es ist nicht das erste Mal, dass sich Adele für den guten Zweck engagiert. So tritt sie im Rahmen ihrer Karriere gleich mehrfach bei Benefizkonzerten auf, zum Beispiel zu Gunsten von Menschen mit Lernschwäche, HIV-Erkrankten in Afrika und Indien sowie vielen weiteren Menschen, die es aus irgendeinem Grund nicht so gut haben wie sie selbst.

Zwei Wochen nach dem schrecklichen Feuer am Grenfell Tower steht die Sängerin zum ersten Mal auf der Bühne des Wembley-Stadions und hält gleich mehrere Ansprachen zu dem Brand und seinen Opfern. Sie ruft ihr Publikum dazu auf, Geld zu spenden, statt es für den »überteuerten« Wein im Stadion auszugeben; viele kommen der Bitte nach. »Als Menschen ist es unsere Aufgabe, mitzufühlen«, findet Adele. »Ihr werdet in den kommenden Tagen, Wochen, vielleicht sogar Jahren noch viel von mir über Grenfell hören.« Nach diesem Versprechen singt Adele »Hometown Glory« und widmet den Song den Opfern des Brandes.

Von dem Schock, der London Mitte Juni 2017 durchfährt, werden sich die Bürger wohl nie wieder erholen. Aber in der

Stadt weiß man spätestens jetzt: Auf eine der berühmtesten Töchter Londons ist Verlass.

EIN FLAGGENKAUF MIT FOLGEN

Adele ist einer der größten Popstars der Welt. Klar, dass man da auch eine Vorbildfunktion hat. Aus der vorherigen Geschichte wissen wir bereits, dass die Sängerin ihre gesellschaftliche Verantwortung sehr ernst nimmt. Das wird auch im Sommer 2022 deutlich.

Den 2. Juli 2022 wird Dean William wohl nie vergessen. An jenem Tag besucht er die zweite von zwei Adele-Shows im Londoner Hyde Park. Die Sängerin hatte sich jahrelang rar gemacht, doch nun steht sie wieder auf der Bühne und genießt etwas Zeit in ihrer Heimatstadt. Der Lehrer aus Essex erwartet einen ganz normalen Konzertabend. Seine Tickets hat er kurzfristig gekauft, mehr aus einer Laune heraus. Doch als er den Gig besucht, sorgen einige verrückte Zufälle dafür, dass der Abend etwas ganz Besonderes für ihn wird.

Schon vor dem Konzert, gegen 18 Uhr abends, wird William von einer Frau angesprochen, weil er in eine Pride-Flagge eingewickelt ist. Adele brauche genau so eine für ihre Show. Ob er sie für ein paar Stunden verleihen würde. Ungläubig schaut William die Frau an, sagt dann aber: »Natürlich!« Zum Dank werden er und sein Begleiter Jack in den VIP-Bereich eingeladen, erhalten laut William »eine *Menge*« Getränkebons und dürfen große Teile des Abends in

Adeles Backstage-Bereich verbringen. Aber das ist noch längst nicht alles.

Beim Konzert eröffnet die britische Sängerin den Abend standesgemäß mit »Hello«. Dean feiert jede Zeile des Songs. Anschließend gibt Adele »I Drink Wine« zum Besten. Dann überschlagen sich die Ereignisse. »Nach zwei Songs ist der bizarrste Moment meines Lebens passiert«, schreibt Dean in dem Tweet, in dem er von dem Abend berichtet. 65 000 Menschen sind da und Adele fragt: »Wo sind Dean und Jack?« Sie ruft die beiden zu sich – und Dean flippt völlig aus. »Wir wurden über die Absperrung gehoben und Adele sagte zu uns, dass sie uns die besten Plätze von allen geben möchte«, erklärt Dean. Die bekommen die beiden dann auch und dürfen eine der größten Sängerinnen des 21. Jahrhunderts aus allernächster Nähe bewundern.

Dann folgt der große Moment: Für »When We Were Young« wickelt sich Adele in die Pride-Flagge, die sie sich von Dean und Jack ausgeliehen hat – und Dean fängt an, vor Rührung zu weinen. Später räumt er ein: »Wir haben die Flagge gerade erst für 8 Pfund an der Holborn Station gekauft.« Es ist ein Zufall, der so wahrscheinlich ist wie ein Lottogewinn.

Danach ist der Abend immer noch nicht vorbei. Adele singt »Love Is a Game«, schaut Dean und Jack dabei direkt in die Augen und wirft ihnen einen Luftkuss zu. »Ich werde diesen Abend und diese Pride nie vergessen«, schreibt Dean. Man glaubt es ihm sofort.

Am Ende des Songs gibt Adele die Flagge von der Bühne aus an die beiden glücklichen Konzertbesucher zurück. Ob sie nun in einer Glasvitrine an Deans Wand hängt? Vermutlich.

Auch bei anderen Gelegenheiten engagiert sich Adele für die LGBTQ-Community. So kommt es am 12. Juni 2016 in Orlando (Florida) zu einem schrecklichen Anschlag auf den

Nachtclub »Pulse«, der in erster Linie von LGBTQ-Personen besucht wird. 49 Menschen werden getötet, 53 weitere verletzt. Es ist ein Massaker, ausgeführt mit völlig legalen Waffen durch einen Täter, der sich um zwei Uhr morgens per Telefon zu der Terrororganisation Islamischer Staat bekennt. Er wird von der Polizei erschossen. Die Opfer seiner Tat macht das auch nicht wieder lebendig.

Adele befindet sich damals in Antwerpen, wo sie drei Konzerte hintereinander gibt. Zum ersten Mal steht sie dort am 12. Juni auf der Bühne, in der Nacht danach kommt es zu dem Attentat in Orlando. Am nächsten Morgen ist Adele geschockt. Am Abend verkündet sie: »Die Leute aus der LGBTQ-Community sind wie Seelenverwandte für mich, seit ich sehr jung war, daher bin ich sehr bewegt.« Ihr Konzert am 13. Juni widmet sie den Opfern des Amoklaufs.

Man sollte meinen, dass die Gleichbehandlung homosexueller Menschen inzwischen gesellschaftlicher Konsens ist. Doch einige Reaktionen auf Adeles Pride-Engagement beweisen das Gegenteil. So trägt sie 2023 bei einem ihrer Konzerte in Las Vegas ein Kleid, dessen Rückenteil und Schleppe wie eine Pride-Flagge aussehen – und erntet dafür negative Kommentare in den sozialen Medien. Manche Nutzer sind »überrascht«, dass sie »Homosexualität unterstützt«. In weiteren Kommentaren heißt es »Wir haben eine weitere Berühmtheit verloren«. Und einige »Fans« kündigen Adele komplett die Treue. Sie wird es verkraften.

Was hingegen schwer zu verkraften ist, ist, dass es solche Kommentare im 21. Jahrhundert überhaupt noch gibt. Gut, dass Adele ihre Vorbildfunktion ernst nimmt. Es ist weiterhin bitter nötig.

WIEDER BEI *SATURDAY NIGHT LIVE*

Wir erinnern uns: In der Geschichte von Adeles Durchbruch in den USA spielt die Comedy-Show »Saturday Night Live« eine wichtige Rolle. Kein Wunder also, dass die britische Sängerin auch nach ihrem ersten Auftritt in der Show mit den Produzenten des Formats verbunden bleibt. Es kommt noch zu einigen weiteren Gastspielen – und zu ein paar Imitationen.

Ihre nächsten beiden Auftritte bei *Saturday Night Live* absolviert Adele nicht persönlich. Nein, Comedienne Aidy Bryant findet heraus, dass sie die britische Sängerin imitieren kann und macht davon auch reichlich Gebrauch. Zum ersten Mal ist ihre Adele-Parodie am 16. November 2013 in dem Sketch »The Worst Cover Songs of All Time« zu sehen. Der große Witz daran: »Adele« singt nicht ein einziges Mal, sondern posiert vor allem zu der instrumentalen Titelmusik der Anwaltsserie *L.A. Law – Staranwälte, Tricks, Prozesse* – gefolgt von einer Nachmache ihres charakteristischen Lachens, die allerdings nicht sonderlich geglückt ist.

Ebenfalls halbgar ist die Adele-Parodie, die Bryant am 3. Mai 2014 in dem Sketch »Family Feud« präsentiert. In einer Satire-Ausgabe des US-amerikanischen Äquivalents zum deutschen »Familien-Duell« schäkert sie mit Moderator Steve Harvey (gespielt von Kenan Thompson) herum, allerdings eher schlecht als recht. Viel Adele ist in ihrer Darstellung nicht zu erkennen.

Dann doch lieber Adele selbst: Am 21. November 2015 ist die britische Sängerin wieder persönlich bei *Saturday Night*

Live zu Gast. Sie gibt ihre damals brandneue Single »Hello« und den Song »When We Were Young« zum Besten, glänzt dabei wie eh und je und hinterlässt einmal mehr mächtig Eindruck in den Staaten. Dennoch: Ihr wohl größtes *Saturday Night Live*-Highlight steht noch bevor.

Am 24. Oktober 2020 wird Adele eine Ehre zuteil, über die sich nicht viele Briten freuen dürfen: Sie präsentiert eine Folge von *Saturday Night Live* als Gastgeberin. Genau wie bei Adeles allererstem Auftritt in der Sendung im Jahr 2008, stecken die USA im Oktober 2020 mitten im Präsidentschaftswahlkampf. Republikaner Donald Trump möchte unbedingt wiedergewählt werden. Demokrat Joe Biden möchte das unbedingt verhindern. Die 893. Episode von *Saturday Night Live* beginnt mit einer TV-Debatte der beiden – nur dass Donald Trump dabei von Schauspieler Alec Baldwin gespielt wird und Joe Biden von Klamauklegende Jim Carrey.

Anschließend ist Adele dran, heißt die Zuschauer willkommen und erinnert sich noch einmal an die Zeit, als *Saturday Night Live* ihr die Tür in die Vereinigten Staaten geöffnet hat. Außerdem verspricht sie, möglichst wenig zu fluchen. Denn bei *Saturday Night Live* handelt es sich, wie der Name bereits verrät, um eine Live-Sendung und böse Worte sind im US-Fernsehen nicht gerne gesehen. Ob das klappt? Adele rekapituliert das letzte Mal, als sie darum gebeten wurde, im Live-Fernsehen nicht zu fluchen – und zeigt ein Video vom *Glastonbury Festival* mit zahlreichen verbalen Entgleisungen. Adele bleibt eben Adele.

Auch danach bleibt es unterhaltsam: Adele besucht im Rahmen der Sendung mit einigen Freundinnen eine Wahrsagerin, tritt als Geist auf, nimmt als Kandidatin in der Reality-Show *The Bachelor* teil und wirbt als eine von drei geschiedenen Frauen für eine Reise nach Afrika. Als musikalische Unterstützung ist die amerikanische Musikerin H.E.R. in der Sendung zu Gast und singt die beiden Songs »Damage« und »Hold on«.

Zum Schluss der Episode macht Adele mit zwei weiteren Darstellern Werbung für gut riechende Jeans, bedankt sich bei allen Teilnehmenden und erinnert das Publikum der Sendung daran, wählen zu gehen.

Am Ende bleibt der Eindruck, dass sich Adele als Moderatorin mehr als nur gut geschlagen hat. Sie bringt ihre Persönlichkeit in die Sendung mit ein, verliert aber auch nicht aus den Augen, das Beste aus *Saturday Night Live* herauszuholen. Das Sympathischste an ihrem Auftritt ist, dass er zeigt, wie viel Humor Adele hat. Denn über die Witze, die sie in ihren Sketchen reißt, muss sie nicht nur einmal auch selbst lachen.

30

Am 15. Oktober 2021 meldet sich Adele mit einer neuen Single zurück. Der Titel des Songs: »Easy on Me«. Aber was meint die britische Sängerin damit? Wer genau soll es ihr nicht übelnehmen – und was eigentlich?

Einmal mehr hat sich Adeles Leben stark verändert. Sie und ihr Mann gehen seit 2019 getrennte Wege, was die Gefühlswelt der Musikerin kräftig durcheinanderbringt. Denn einerseits hat ihre Beziehung mit Simon Konecki einfach nicht mehr funktioniert. Andererseits ist da Sohn Angelo, der Mama und Papa lieber beisammen hätte. Adele empfindet einen emotionalen Cocktail aus Erleichterung und Schuld, Freiheit und dem Gefühl, versagt zu haben. Sie bittet Simon und ihren Sohn Angelo, »Easy on Me« zu sein, also es ihr nicht übel zu nehmen. Es ist das Thema, mit dem sich die Sängerin auf ihrem gesamten vierten Album beschäftigt.

Zwischen ihr und Simon hat es keinen Betrug gegeben, keinen großen Knall und keinen alles entscheidenden Streit. Es klappt einfach nicht mehr. Umso schwerer fällt es Adele, sich von ihm zu trennen, so ohne richtige Begründung. Sie fühlt sich befreit, doch das Ende der Beziehung tut ihr auch weh, vor allem für ihren Sohn Angelo. »Ich möchte ihm, wenn er irgendwann in seinen 20ern oder 30ern ist, mit diesem Album erklären, wer ich bin und warum ich mich freiwillig dazu entschieden habe, sein Leben auseinanderzunehmen, zugunsten meines eigenen Glücklichseins«, erklärt Adele. Das Ganze sei eine tiefe Wunde für sie und sie wisse nicht, ob diese Verletzung je wieder heilen werde.

Weil der Inhalt von 30 für Adele so sensibel ist, erschafft sie sich zu Beginn der Produktion einen »safe space«. Sie möchte nur mit Menschen zusammenarbeiten, mit denen sie sich so richtig wohlfühlt, und denen sie ihr Herz ausschütten kann. Zu ihnen zählt zum Beispiel Produzent Greg Kurstin, mit dem Adele fünf der zwölf Songs auf ihrem vierten Album umsetzt, darunter die erste Single »Easy on Me«. Auch die zweite Single »Oh My God« komponieren die beiden gemeinsam.

In »Oh My God« thematisiert Adele ein Problem, das Ottonormalverbraucher vermutlich nicht nachvollziehen können: das Dating-Leben als berühmte Person. Denn als ihre Trennung von Simon schon eine Weile her ist, möchte Adele gerne wieder Männer kennenlernen, für eine feste, seriöse Bindung. Doch so einfach ist es in ihrem Fall nicht. Wann immer sie mit jemandem ausgeht, muss ein Star ihres Formats zum einen befürchten, von Paparazzi belagert zu werden, und zum anderen Sorge haben, dass der Dating-Partner nur den Star, nicht aber die echte Person begehrt. Beides ist sicher nicht einfach und kann ein früher Beziehungskiller sein.

Die dritte Single »I Drink Wine« schreibt Adele ebenfalls mit Greg Kurstin, inspiriert durch ein mehrstündiges Gespräch mit dem britischen TV-Moderator James Corden. Die Unterhaltung findet nach einem gemeinsamen Familienurlaub der beiden statt (zu den Themen James Corden, Adele und Urlaub kommen wir gleich noch einmal) und Corden schüttet Adele in dem Gespräch sein Herz aus. Seine Arbeit als Gastgeber der *Late Late Show* wird ihm zu viel, ebenso wie seine ständige Präsenz im Internet. Er lebt seit einiger Zeit in Los Angeles, möchte aber wieder zurück nach Hause, nach England. Adele, die seit 2016 überwiegend in den USA wohnt, fühlt sich noch nicht bereit dazu, wieder dauerhaft in Großbritannien zu leben, wünscht einem ihrer besten Freunde aber alles Gute und kann seinen Wunsch verstehen – auch wenn es ihr Angst macht, dass er sie in L.A. »alleine lässt«. Zum Dank dafür, dass sich Corden und seine Familie nach Adeles Trennung von Simon Konecki so rührend um sie und ihren Sohn Angelo gekümmert haben, widmet die Sängerin Corden den Song »I Drink Wine« – und spielt ihn dem Moderator in der allerletzten Episode seines Formats *Carpool Karaoke* vor, während sie ihn zur Arbeit fährt. »Was man da sieht«, erklärt Corden, »sind zwei Freunde, die im Abstand von einer Woche oder so nach Los Angeles gezogen sind.« Einer von beiden gehe nun wieder nach Hause, die andere bleibe. Das sei sehr emotional. »Und es ist zufällig so, dass eine von beiden die großartigste Sängerin der Welt ist.«

Neben Greg Kurstin arbeitet Adele für *30* noch mit weiteren alten Bekannten zusammen. Da wären zum Beispiel Max Martin und Shellback, mit denen Adele den Song »Can I Get It« umsetzt. Die Nummer »To Be Loved« schreibt sie mit Tobias Jesso Jr., mit dem sie schon »When We Were Young« von ihrem dritten Album *25* komponiert hatte.

Dass Adele für ihre vierte Platte vor allem mit Menschen zusammenarbeiten möchte, die ihr bereits nahestehen, hat gute Gründe, denn privat geht es bei ihr damals ans Eingemachte. Die Sängerin hat Angstattacken, begibt sich in Therapie, verarbeitet ihre Trennung und rollt die schwere Beziehung zu ihrem Vater auf. Sie braucht Leute um sich herum, die sie auffangen und in dieser schweren Zeit unterstützen. Doch sie holt auch zwei neue Gesichter an Bord.

Da wäre zum einen Ludwig Göransson, der bereits unzählige Songs mit Childish Gambino aufgenommen hat. Außerdem arbeitet er mit Alicia Keys, Travis Scott und Lykke Li zusammen. Mit Göransson setzt Adele den Opener ihres vierten Albums um, »Strangers By Nature«.

Neu im Bunde ist auch der Produzent Dean Josiah Cover alias Inflo. Mit ihm erweckt Adele gleich drei Songs zum Leben: »Woman Like Me«, »Hold on« und »Love Is a Game«.

Fertig aufgenommen ist *30* im Februar 2020, doch auch danach arbeitet Adele noch an der Platte weiter. So gibt sie noch Monate später, im Rahmen ihrer Gastmoderation bei *Saturday Night Live*, zu Protokoll, dass das Album noch nicht fertig sei. Tatsächlich dauert es noch eine ganze Weile: *30* erscheint am 19. November 2021, als Adele 31 Jahre alt ist. Weil die Songs aber in ihrem 30. Lebensjahr entstanden sind, heißt das Album der Logik ihrer früheren Albumtitel folgend *30*.

Inzwischen kennen wir das schon: Natürlich landet Adele auch mit ihrem vierten Werk fast überall auf Platz eins der

Charts, darunter auch in den USA, in Großbritannien und in Deutschland. Einmal mehr kassiert sie Platin und Gold bis zum Abwinken. Und auch einen Grammy darf sie wieder entgegennehmen, diesmal für die »Beste Pop-Solodarbietung« für »Easy on Me«.

30 ist ein tiefgründiges Album, das Adele viel Kraft gekostet haben muss. Doch vielleicht hat es sich gelohnt. Sie selbst redet davon, dass die Platte folgenden Ablauf habe: Selbstzerstörung, Selbstreflexion und Selbstrettung. Wünschen wir der Sängerin, dass ihr diese Entwicklung langfristig erhalten bleibt.

So, nun zum Thema Urlaub. Denn die ganze Geschichte von *30* erklärt auch, warum Adele Ende 2019 etwas Leichtigkeit gebrauchen kann.

EIN GROSSZÜGIGES TRINKGELD

Silvester 2019/2020. Adele und Simon Konecki sind bereits seit einigen Monaten getrennt, wie wir nun wissen. Die Sängerin belasten zu jener Zeit viele Themen, auch das haben wir nun erfahren. Kein Wunder also, dass sie zur Jahreswende eine kleine Auszeit braucht. Sie macht Urlaub – gemeinsam mit James Corden und Harry Styles.

Es ist einer der Nachteile am Star-Dasein. Egal, wo man Urlaub macht, man ist nie anonym. Adele, James Corden und Harry Styles entscheiden sich Ende 2019 für eine Auszeit in der Karibik. Es dauert nicht lange, bis sie von Fans erkannt werden. Schon bald kursieren Bilder vom gemeinsamen Urlaub der drei Berühmtheiten im Netz. Doch das »Trio Infernale« lässt sich dadurch keinesfalls den Spaß an der wohlverdienten Pause nehmen.

Freunde sind Adele, Corden und Styles zu diesem Zeitpunkt schon seit Jahren. So erzählt Styles schon 2017 in einem Interview, dass er zu seinem 21. Geburtstag ein ganz besonderes Geschenk von Adele erhalten habe: ein Exemplar ihres Albums *21*, mit dem Vermerk: »Ich habe mit 21 coole Sachen gemacht. Viel Glück.« Auch danach bleiben die beiden befreundet – so gut, dass sie eben sogar gemeinsam Urlaub machen.

Als Reiseziele suchen sich die Berühmtheiten unterschiedliche Orte aus. So werden sie zum Beispiel auf der Insel Saint Thomas gesichtet, ebenso wie auf Anguilla, einem Überseegebiet von Großbritannien. Auf einem Foto grinst Adele überglücklich, sitzt in einem Blumenkleid im Sand und genießt einen Drink. So soll es sein.

Styles hingegen hinterlässt vor allem auf Saint Thomas Spuren, nämlich, als er in einem Restaurant ein Trinkgeld von satten 2.020 US-Dollar gibt, passend zum neu beginnenden Jahr. »Happy New Year!«, schreibt er dem Kellner auf die Rechnung – und der lädt ein Foto davon bei Instagram hoch, um Styles' Großzügigkeit mit der Welt zu teilen.

Was Adele betrifft, ist zu hoffen, dass die Sängerin in dem Urlaub zumindest kurz von ihrer schwierigen privaten Situation abschalten kann. Auf dem Foto von ihr sieht es ganz danach aus.

RESIDENZ IN LAS VEGAS

Adele liebt es, zu singen. Doch vom Touren hat sie nach einigen Jahren auf der Bühne genug. Was also tun? Die britische Sängerin entscheidet sich für eine Art des Auftretens, für die man kaum reisen muss: Sie gibt jedes Wochenende zwei Konzerte in Las Vegas. Doch ihr Engagement in der Casino-Stadt läuft zu Beginn nicht gerade rund.

War Las Vegas einst ein Abstellgleis für gealterte Pop- und Rockstars, die ihre besten Zeiten hinter sich haben, kann der hell erleuchtete Ort in der Wüste Nevadas heutzutage auch Künstlerinnen und Künstler anlocken, die mit beiden Beinen in ihrer Karriere stehen. So gastieren von September 2023 bis März 2024 zum Beispiel die irischen Rocklegenden U2 in Vegas. Lady Gaga tritt bis zum Sommer 2024 regelmäßig in der Stadt auf. Und Bruno Mars beendet seine Residenz erst im September 2024. Seit 2022 steht auch Adele regelmäßig in der westamerikanischen Stadt auf der Bühne. Doch wie kommt es eigentlich dazu?

Als Adele ihr viertes Album *30* veröffentlicht, betont sie schnell, dass sie damit vermutlich nicht auf Tour gehen wird. (Das stimmt nur anteilig, doch dazu kommen wir gleich im letzten Kapitel noch.) Sie möchte ihrem Sohn Angelo ein ruhiges Umfeld bieten und in der Nähe seines Vaters Simon Konecki bleiben. Außerdem hat sie vorerst genug vom Album-Tour-Trott. Nein, diesmal plant Adele etwas anderes.

Am 30. November 2021, also nur einige Tage nach der Veröffentlichung von *30*, kündigt Adele die sogenannten *Weekends with Adele* an. Sie möchte in Las Vegas auftreten, jedes Wochenende zweimal, und zwar vom 21. Januar 2022 bis zum 16. April 2022. 24 Shows vor je 4.100 Zuschauern im

»The Colosseum Theater at Caesars Palace«. Kurze Zeit später gehen 100 000 Tickets in den Vorverkauf – und sind innerhalb von sechs Stunden restlos weg. Es kann losgehen. Oder doch nicht?

Am 20. Januar 2022, also nur einen Tag, bevor ihre Las-Vegas-Residenz beginnen soll, meldet sich Adele mit einem Video-Post auf Instagram. Sie weint und gibt bekannt, dass sie den Start ihrer Konzertreihe leider verschieben muss. Die Hälfte ihres Teams habe Corona und außerdem habe es Lieferschwierigkeiten gegeben. Ihre Show sei schlicht nicht fertig und es tue ihr furchtbar leid. Am nächsten Tag ruft Adele einige ihrer Fans per FaceTime an, um sich persönlich bei ihnen zu entschuldigen. Doch aufgeschoben ist ja nicht aufgehoben.

Am 25. Juli 2022 kündigt Adele die 24 Nachholtermine an, sowie acht zusätzliche Shows. Wer Tickets für den ersten Anlauf gehabt hat, genießt ein Vorkaufsrecht. Am 18. November 2022 soll es losgehen und die Konzerte sollen bis zum 25. März 2022 andauern. Auch zu Silvester werden noch zwei Termine geplant. Adele gibt sich Mühe, ihre Fans für die ausgefallen Shows zu entschädigen – und diesmal läuft alles rund. Als die Konzerte im März 2023 gelaufen sind, kündigt Adele sogar noch 34 weitere Shows an. Bis zum 24. Februar 2024 steht sie alle paar Tage auf der Bühne in Vegas. Jedes Show-Wochenende fliegt sie mit dem Privatjet von L.A. her und kommt gratis in einer Suite unter, die normalerweise 35 000 Euro pro Nacht kostet. Ende gut, alles gut. Doch dann kommt wieder etwas dazwischen.

Am 28. Februar 2024 muss Adele einmal mehr zehn Termine in Las Vegas absagen. Der Auslöser: gesundheitliche Probleme. Weiter geht es vom 17. Mai bis 15. Juni 2024. Im Oktober und November 2024 sind weitere Shows in Las Vegas geplant.

Wie lange Adele darüber hinaus noch in Vegas bleiben wird? Das ist ungewiss. Doch klar ist inzwischen, dass sich die britische Sängerin nicht mehr auf die Shows in der Wüstenstadt beschränken möchte. Es zieht sie wieder in die große weite Welt, zumindest ein wenig. Ein kleines bisschen einfach macht sie es sich dann aber doch.

ADELE IN MÜNCHEN

Manche Fans hatten die Hoffnung schon aufgegeben. Zu oft hatte Adele inzwischen gesagt, dass sie nicht mehr auf Tour gehen möchte. Dabei bleibt sie auch, zumindest irgendwie. Doch live sehen kann man die britische Sängerin 2024 schon noch, wenn man genug Aufwand betreibt. 2024 tritt Adele zehn Mal in München auf – in einem Stadion, das extra für sie errichtet wird.

Wenn Adele im August 2024 zum ersten Mal die Bühne in München betritt, wird es acht Jahre her sein, dass sie zuletzt in Europa aufgetreten ist (ausgenommen Großbritannien). Acht lange Jahre, in denen ihre Fans ohne Live-Auftritte von der britischen Ausnahmesängerin auskommen mussten. Und acht lange Jahre, in denen Adele ihre Anhänger darüber im Unklaren gelassen hat, ob sie überhaupt noch einmal auf europäischem Boden singen wird. Am 31. Januar 2024 veröffentlicht die Sängerin einen Instagram-Post – und versetzt ihre Fanbase damit in helle Aufregung.

»Vor ein paar Monaten habe ich einen Anruf erhalten«, erklärt Adele darin. Es sei bei dem Telefonat um einige Shows in Europa gegangen, doch sie sei mit ihren Konzerten im

Hyde Park und in Las Vegas sehr zufrieden gewesen, deshalb habe sie eigentlich keinen Anlass zu weiteren Shows gehabt. Doch dann sei sie hellhörig geworden. Ein eigenes Pop-Up-Stadion, ganz nach ihren Vorstellungen und nur für ihre Konzerte? In der Mitte Europas? »YES!!«, schreibt sie. Und kündigt die ersten vier Konzerte in München an.

2. Februar 2024: Der Andrang auf Adeles exklusive Show-Termine ist riesig. Vier weitere Shows werden ergänzt, sodass es nun schon acht Termine in München sind.

6. Februar 2024: Zwei weitere Shows werden angekündigt. Nun sind es zehn. Europa scheint es kaum erwarten zu können, Adele wiederzusehen.

Dass der Andrang so groß ist, ist verständlich. Nicht nur, dass im August 2024 eine der größten Sängerinnen aller Zeiten nach München reist. Nein, so ein eigens errichtetes Stadion ist eine Sehenswürdigkeit für sich. Entworfen wurde es von dem Münchner Florian Wieder, der auch schon Bühnen für Beyoncé gestalten durfte. 80 000 Menschen sollen in dem Pop-Up-Stadion Platz finden, also sind es an zehn Tagen 800 000. Zugegeben, das ist cool. Doch darüber, was diese Art der Konzertveranstaltung für die Umwelt bedeutet, denken wir an dieser Stelle lieber gar nicht erst nach.

Der Aufbau der Bühne ähnelt einer großen Muschel. Alles sieht sehr wellenförmig aus, doch an den Tribünen gibt es auch Ecken und Kanten. Vor Adeles Hauptbühne steht der Sängerin ein großer Steg zur Verfügung, der sich aus einer Geraden und einem Halbkreis zusammensetzt. Auf diese Weise kann sie mit dem Publikum in Kontakt treten. Und an Außenwänden des Stadions soll in großen Leuchtlettern der Name »Adele« prangen.

Wieder einmal gilt: Immer, wenn man denkt, dass Adele nun mit keinem neuen Superlativ mehr um die Ecke kommt, belehrt einen die britische Sängerin eines Besseren. 2024 rückt sie nun mit ihrem eigenen Stadion an. Von solchen Größenordnungen kann manch anderer Künstler nur träumen.

Ob Adele all das ahnt, als sie als Kind die Spice Girls nachahmt? Als sie mit ihrer Mutter Festivals besucht? Als sie die Zusage an der BRIT School erhält? Vermutlich nicht. Doch gehofft wird sie es haben.

Adeles Karriere scheint noch lange nicht vorbei zu sein, auch wenn ihr Dasein als Sängerin inzwischen ein anderes ist. Aus Tottenham ist L.A. geworden. Aus der selbstgebauten Bühne in ihrem Kinderzimmer ein nur für sie designtes und errichtetes Stadion mit 80 000 Plätzen. Und aus ein bis zwei Schallplatten aus Vinyl Hunderte Diamant-, Platin- und Gold-Schallplatten.

Stille. Die Nadel gleitet auf die Platte. Knack. Knistern. »Easy on Me« beginnt. Der Song ist ein anderer als zu Beginn von Adeles Karriere. Doch die Gänsehaut bleibt die gleiche.

QUELLEN

Vorwort

Wikipedia-Seite: »Rolling in the Deep«; https://en.wikipedia.org/wiki/Rolling_in_the_Deep; aufgerufen am 27.5.2024.

Lange wach

White, Danny: *Adele. To 30 And Beyond*, London 2022.

Smith, Sean: *Adele*, London 2016.

Shapiro, Marc: *Adele. The Biography*, New York 2012.

YouTube-Video: »Adele Daydreamer Live at Later with Jools Holland 2007«; https://www.youtube.com/watch?v=TcRVe3bQbfY; aufgerufen am 27.5.2024.

Wikipedia-Seite: »Later... with Jools Holland«; https://en.wikipedia.org/wiki/Later..._with_Jools_Holland; aufgerufen am 27.5.2024.

Wikipedia-Seite: »Jools Holland«; https://en.wikipedia.org/wiki/Jools_Holland; aufgerufen am 27.5.2024.

Spice Girls

James, Sarah-Louise: *Adele. Eine außergewöhnliche Karriere*, Königswinter 2016.

Newkey-Burden, Chas: *Adele. Die Biografie*, Berlin 2012.

Shapiro, Marc: *Adele. The Biography*, New York 2012.

Smith, Sean: *Adele*, London 2016.

White, Danny: *Adele. To 30 And Beyond*, London 2022.

Instagram-Beitrag: »HA! This is how I feel right now! I AM READY«: https://www.instagram.com/p/Bpz7aDggTq7/; aufgerufen am 27.5.2024.

Website: »Adele und die Spice Girls«; https://www.spiegel.de/panorama/leute/adele-und-die-spice-girls-ich-habe-endlich-ginger-getroffen-a-1272736.html; aufgerufen am 27.5.2024.

Wikipedia: »Spice World – 2019 Tour«; https://en.wikipedia.org/wiki/Spice_World_%E2 %80 %93_2019_Tour; aufgerufen am 27.5.2024.

Wikipedia-Seite: »Spice Girls«; https://en.wikipedia.org/wiki/Spice_Girls#Concert_tours; aufgerufen am 27.5.2024.

Wikipedia-Seite: »Wannabe«; https://en.wikipedia.org/wiki/Wannabe; aufgerufen am 27.5.2024.

YouTube-Video: »Adele Auto-Karaoke«; https://www.youtube.com/watch?v=Nck6BZga7TQ; aufgerufen am 27.5.2024.

Vorbilder

James, Sarah-Louise: *Adele. Eine außergewöhnliche Karriere*, Königswinter 2016.

Website: »Adele's mum braves Glastonbury CAMPING as she supports singer ahead of headline set«; https://www.mirror.co.uk/3am/celebrity-news/adeles-mum-braves-glastonbury-camping-8279250; aufgerufen am 27.5.2024.

Website: »History 1997«; https://www.glastonburyfestivals.co.uk/history/history-1997/; aufgerufen am 27.5.2024.

Smith, Sean: *Adele*, London 2016.

The Cure

White, Danny: *Adele. To 30 And Beyond*, London 2022.

Smith, Sean: *Adele*, London 2016.

Wikipedia-Seite: »The Cure«; https://en.wikipedia.org/wiki/The_Cure; aufgerufen am 27.5.2024.

Website: »Interview mit Adele: ›Ich hatte Angst vor Robert Smith‹«; https://www.musikexpress.de/interview-mit-adele-ich-hatte-angst-vor-robert-smith-158741/; aufgerufen am 27.5.2024.

Website: »The Adele Experience«; https://www.prsformusic.com/m-magazine/features/the-adele-experience; aufgerufen am 27.5.2024.

James, Sarah-Louise: *Adele. Eine außergewöhnliche Karriere*, Königswinter 2016.

Adeles Familie

Newkey-Burden, Chas: *Adele. Die Biografie*, Berlin 2012.

Website: »Adele's half-brother admits he has barely spoken to her in the last two years and says the next time he'll see her is when he goes to one of her concerts«; https://www.dailymail.co.uk/news/article-3502394/Hello-s-Adele-s-half-brother-admits-barely-spoken-two-years-says-time-ll-goes-one-concerts.html; aufgerufen am 27.5.2024.

Website: »ADELE SHOCK: Adele's estranged dad dies at 57 with pair unable to resolve years of rows«; https://www.thesun.co.uk/tvandshowbiz/14914345/adele-dad-dead-rows/; aufgerufen am 27.5.2024.

White, Danny: *Adele. To 30 And Beyond*, London 2022.

Smith, Sean: *Adele*, London 2016.

Auf der BRIT School

Smith, Sean: *Adele*, London 2016.

Wikipedia-Seite: »Adele« https://en.wikipedia.org/wiki/Adele; aufgerufen am 27.5.2024.

Brockwell Park

Smith, Sean: *Adele*, London 2016.

Website: »›He makes me realise things about myself‹: Adele reveals motherhood has changed her in ›every way possible‹ and admits son's upbringing will be ›different‹ to hers«; https://www.dailymail.co.uk/tvshowbiz/article-3323582/Adele-reveals-motherhood-changed-admits-son-s-upbringing-different-hers.html; aufgerufen am 27.5.2024.

»Hometown Glory«

Shapiro, Marc: *Adele. The Biography*, New York 2012.

Smith, Sean: *Adele*, London 2016.

James, Sarah-Louise: *Adele. Eine außergewöhnliche Karriere*, Königswinter 2016.

Wikipedia-Seite: »Hometown Glory«; https://en.wikipedia.org/wiki/Hometown_Glory; aufgerufen am 27.5.2024.

Der erste Plattenvertrag

Smith, Sean: *Adele*, London 2016.

White, Danny: *Adele. To 30 And Beyond*, London 2022.

»Chasing Pavements«

White, Danny: *Adele. To 30 And Beyond*, London 2022.

Smith, Sean: *Adele*, London 2016.

YouTube-Video: »Adele Reveals The Stories Behind Her Hit Lyrics & Deep Dives Into Her Life | Life In Lyrics | ELLE«; https://www.youtube.com/watch?v=H1wjMGosYa8; aufgerufen am 27.5.2024.

Website: »The Meaning Behind the Heartbreaking Lyrics of Adele's ›Chasing Pavements‹«; https://americansongwriter.com/the-meaning-behind-the-heartbreaking-lyrics-of-adeles-chasing-pavements/; aufgerufen am 27.5.2024.

Website: »Adele's ›Chasing Pavements‹ banned in US«; https://www.digitalspy.com/music/a130009/adeles-chasing-pavements-banned-in-us/; aufgerufen am 27.5.2024.

Mark Ronson

Shapiro, Marc: *Adele. The Biography*, New York 2012.

Smith, Sean: *Adele*, London 2016.

White, Danny: *Adele. To 30 And Beyond*, London 2022.

Wikipedia-Seite: »Mark Ronson discography«; https://en.wikipedia.org/wiki/Mark_Ronson_discography; aufgerufen am 27.5.2024.

Wikipedia-Seite: »Here Comes the Fuzz«; https://en.wikipedia.org/wiki/Here_Comes_the_Fuzz; aufgerufen am 27.5.2024.

19

White, Danny: *Adele. To 30 And Beyond*, London 2022.

Wikipedia-Seite: »*19* (Adele album)«; https://en.wikipedia.org/wiki/19_(Adele_album); aufgerufen am 27.5.2024.

Smith, Sean: *Adele*, London 2016.

Website: »Offizielle Deutsche Charts: Adele – 19«; https://www.offiziellecharts.de/album-details-81324?rCH=2; aufgerufen am 27.5.2024.

Nach Übersee

White, Danny: *Adele. To 30 And Beyond*, London 2022.

Shapiro, Marc: *Adele. The Biography*, New York 2012.

Website: »Another British Invader Arrives, Guitar in Hand«; https://www.nytimes.com/2008/03/19/arts/music/19adel.html; aufgerufen am 27.5.2024.

Wikipedia-Seite: »An Evening with Adele«; https://en.wikipedia.org/wiki/An_Evening_with_Adele; aufgerufen am 2.5.2024.

Fehlstart in den Staaten

White, Danny: *Adele. To 30 And Beyond*, London 2022.

Smith, Sean: *Adele*, London 2016.

Saturday Night Live mit Sarah Palin

Website: »How SNL Became the Most Successful Comedy Show Ever«; https://www.bloomberg.com/news/articles/2014-09-26/how-saturday-night-live-became-the-most-successful-comedy-show-ever; aufgerufen am 27.5.2024.

Website: »Saturday Night Live Wiki: Adele«; https://snl.fandom.com/wiki/Adele; aufgerufen am 27.5.2024.

Website: »›War beinahe Alkoholikerin‹«: Adele hat vor dreieinhalb Monaten mit dem Trinken aufgehört«: https://www.rnd.de/promis/adele-hat-aufgehoert-zu-trinken-war-beinahe-alkoholikerin-OTK5W6VIA5BKFCRSLTBFAXNCOY.html; aufgerufen am 23.5.2024.

Wikipedia-Seite: »Saturday Night Live season 34«; https://en.wikipedia.org/wiki/Saturday_Night_Live_season_34; aufgerufen am 27.5.2024.

Wikipedia-Seite: »2008 United States presidential election«; https://en.wikipedia.org/wiki/2008_United_States_presidential_election; aufgerufen am 27.5.2024.

Wikipedia-Seite: »Sarah Palin«; https://en.wikipedia.org/wiki/Sarah_Palin; aufgerufen am 27.5.2024.

Wikipedia-Seite: »Tina Fey«; https://en.wikipedia.org/wiki/Tina_Fey; aufgerufen am 27.5.2024.

»Make You Feel My Love«

Website: »Bob Dylan: The Song Talk Interview«; https://www.interferenza.com/bcs/interw/1991zollo.htm; aufgerufen am 27.5.2024.

Wikipedia-Seite: »*21* (Adele album)«; https://en.wikipedia.org/wiki/21_(Adele_album); aufgerufen am 27.5.2024.

Wikipedia-Seite: »Time Out of Mind (Bob Dylan album)«; https://en.wikipedia.org/wiki/Time_Out_of_Mind_(Bob_Dylan_album); aufgerufen am 27.5.2024.

Wikipedia-Seite: »Make You Feel My Love«; https://en.wikipedia.org/wiki/Make_You_Feel_My_Love; aufgerufen am 27.5.2024.

Ein Tampon für Neil Diamond

Shapiro, Marc: *Adele. The Biography*, New York 2012.

Website: »Adele Suffered Tampon Embarrassment At Diamond Tribute Gig«; https://www.contactmusic.com/adele/news/adele-suffered-tampon-embarrassment-at-diamond-tribute-gig_1195006; aufgerufen am 27.5.2024.

Website: »Neil Diamond Biography by William Ruhlmann«; https://www.allmusic.com/artist/neil-diamond-mn0000864209#biography; aufgerufen am 27.5.2024.

Website: »Adele Wiki: Cracklin' Rosie (song)«; https://adele.fandom.com/wiki/Cracklin%27_Rosie_(song); aufgerufen am 27.5.2024.

Wuff

James, Sarah-Louise: *Adele, eine außergewöhnliche Karriere*, Königswinter 2016.

Smith, Sean: *Adele*, London 2016.

White, Danny: *Adele. To 30 And Beyond*, London 2022.

Website: »Grammy Awards: Adele«; https://www.grammy.com/artists/adele/528; aufgerufen am 27.5.2024.

Website: »Adele Apologizes For Snubbing Justin Timberlake At Grammys«; https://www.mtv.com/news/n3aqav/adele-apologizes-for-snubbing-justin-timberlake-at-grammys; abgerufen am 27.5.2024.

Website: »Adele: ›I have all the say; I have power over everything I do‹«; https://www.dailymail.co.uk/home/you/article-1135182/Adele-I-say-I-power-I-do.html; abgerufen am 27.5.2024.

Website: »Adele Recoils from Botched Meeting with Justin«; https://people.com/celebrity/adele-recoils-from-botched-meeting-with-justin/; abgerufen am 27.5.2024.

Adele und die *Vogue*

James, Sarah-Louise: *Adele. Eine außergewöhnliche Karriere*, Königswinter 2016.

Smith, Sean: *Adele*, London 2016.

X-Post: »Vogue – For the first time in history #BritishVogue and @VogueMagazine share a cover star: @Adele.«; https://twitter.com/BritishVogue/status/1446143342052528131; abgerufen am 27.5.2024.

Website: »Vogue (magazine)«; https://adele.fandom.com/wiki/Vogue_(magazine)#2009; abgerufen am 27.5.2024.

Freund auf vier Pfoten

Smith, Sean: *Adele*, London 2016.

Website: »Everything you need to know about Adele's dogs«; https://www.petsradar.com/news/everything-you-need-to-know-about-adeles-dogs; aufgerufen am 27.5.2024.

Website: »Louie«; https://adele.fandom.com/wiki/Louie; aufgerufen am 27.5.2024.

YouTube-Video: »POWER OF MAKEUP: Adele! | NikkieTutorials«; https://www.youtube.com/watch?v=qY3 L1bPNBAw; aufgerufen am 27.5.2024.

Schützenhilfe von Lena

Dailymotion-Video: »Lena Meyer-Landrut – My Same«; https://www.dailymotion.com/video/xckv0s; aufgerufen am 27.5.2024.

Wikipedia-Seite: »Unser Star für Oslo«; https://de.wikipedia.org/wiki/Unser_Star_f%C3 %BCr_Oslo; aufgerufen am 27.5.2024.

Wikipedia-Seite: »Eurovision Song Contest 1998«; https://en.wikipedia.org/wiki/Eurovision_Song_Contest_1998; aufgerufen am 27.5.2024.

Wikipedia-Seite: »Guildo hat euch lieb!«; https://en.wikipedia.org/wiki/Guildo_hat_euch_lieb!; aufgerufen am 27.5.2024.

Wikipedia-Seite: »Wadde hadde dudde da?«; https://en.wikipedia.org/wiki/Wadde_hadde_dudde_da%3F; aufgerufen am 27.5.2024.

Website: »Deutschland: Alle Ergebnisse beim ESC«; https://www.eurovision.de/zahlenspiele/Alle-Ergebnisse-fuer-Deutschland-beim-ESC,deutschland744.html; aufgerufen am 27.5.2024.

Wikipedia-Seite: »Eurovision Song Contest 2010«; https://en.wikipedia.org/wiki/Eurovision_Song_Contest_2010; aufgerufen am 27.5.2024.

Website: »ESC-Revolution: Was Raab & Rosemann wirklich planen«; https://www.dwdl.de/nachrichten/97545/escrevolution_was_raab__rosemann_wirklich_planen/; aufgerufen am 27.5.2024.

21

White, Danny: *Adele. To 30 And Beyond*, London 2022.

Shapiro, Marc: *Adele. The Biography*, New York 2012.

Smith, Sean: *Adele*, London 2016.

Website: »Billboard: Adele Chart History«; https://www.billboard.com/artist/adele/chart-history/tlp/; aufgerufen am 27.5.2024.

Wikipedia-Seite: »*21* (Adele album)«; https://en.wikipedia.org/wiki/21_(Adele_album); aufgerufen am 27.5.2024.

Wikipedia-Seite: »Rick Rubin production discography«; https://en.wikipedia.org/wiki/Rick_Rubin_production_discography; aufgerufen am 27.5.2024.

Wikipedia-Seite: »List of best-selling albums«; https://en.wikipedia.org/wiki/List_of_best-selling_albums; aufgerufen am 27.5.2024.

»Rolling in the Deep«

White, Danny: *Adele. To 30 And Beyond*, London 2022.

Website: »Billboard Hot 100 – Week of December 25, 2010«; https://www.billboard.com/charts/hot-100/2010-12-25/; aufgerufen am 27.5.2024.

Website: »Hot Tracks, the Collaborative Method«; https://www.nytimes.com/2012/02/10/arts/music/paul-epworth-on-producing-adele.html; aufgerufen am 14.5.2024.

Website: »Adele: 21 - review«; https://www.theguardian.com/music/2011/jan/20/adele-21-review; aufgerufen am 27.5.2024.

Shapiro, Marc: *Adele. The Biography*, New York 2012.

Wikipedia-Seite: »Rolling in the Deep«; https://en.wikipedia.org/wiki/Rolling_in_the_Deep; aufgerufen am 27.5.2024.

YouTube-Video: »Adele – Rolling in the Deep (Official Music Video)«; https://www.youtube.com/watch?v=rYEDA3JcQqw; aufgerufen am 27.5.2024.

Sasha Carter

Smith, Sean: *Adele*, London 2016.

White, Danny: *Adele. To 30 And Beyond*, London 2022.

Website: »Adele's and Beyonce's admiration for each other goes back years«; https://abcnews.go.com/Entertainment/adele-beyonces-admiration-back-years/story?id=45457014; aufgerufen am 27.5.2024.

Website: »Adele Wiki: Beyoncé«; https://adele.fandom.com/wiki/Beyonc%C3 %A9; aufgerufen am 27.5.2024.

Website: »Beyoncé and Adele have a long history of ups and downs together at the Grammy Awards«; https://www.yahoo.com/entertainment/beyonc-adele-long-history-ups-160055720.html; aufgerufen am 27.5.2024.

Website: »Beyoncé is Sasha Fierce«; https://www.oprah.com/oprahshow/beyonces-alter-ego/all; aufgerufen am 27.5.2024.

Website: »Choice Excerpts From Adele's Cover Story«; https://www.rollingstone.com/music/music-lists/choice-excerpts-from-adeles-cover-story-19278/hard-core-24500/; aufgerufen am 27.5.2024.

YouTube-Video: »Adele Wins Album Of The Year | Acceptance Speech | 59th GRAMMYs«; https://www.youtube.com/watch?v=ctuggqUSITM; aufgerufen am 27.5.2024.

»Set Fire to the Rain«

White, Danny: *Adele. To 30 And Beyond*, London 2022.

Shapiro, Marc: *Adele. The Biography*, New York 2012.

Smith, Sean: *Adele*, London 2016.

Website: »Adele Set Fire To The Rain... and her dog nearly set fire to the studio: Producer to the stars reveals all«; https://www.dailymail.co.uk/home/event/article-2670841/Adele-Set-Fire-To-The-Rain-dog-nearly-set-fire-studio-Producer-stars-reveals-all.html; aufgerufen am 27.5.2024.

Wikipedia-Seite: »Fraser T. Smith«; https://en.wikipedia.org/wiki/Fraser_T._Smith; aufgerufen am 27.5.2024.

Wikipedia-Seite: »Break Your Heart«; https://en.wikipedia.org/wiki/Break_Your_Heart; aufgerufen am 27.5.2024.

Wikipedia-Seite: »Set Fire to the Rain«; https://en.wikipedia.org/wiki/Set_Fire_to_the_Rain; aufgerufen am 27.5.2024.

Wikipedia-Seite: »*21* (Adele album)«; https://en.wikipedia.org/wiki/21_(Adele_album); aufgerufen am 27.5.2024.

Wikipedia-Seite: »Live at the Royal Albert Hall (Adele album)«; https://en.wikipedia.org/wiki/Live_at_the_Royal_Albert_Hall_(Adele_album); aufgerufen am 27.5.2024.

»Someone Like You«

Wikipedia-Seite: »Someone like You (Adele song)«; https://en.wikipedia.org/wiki/Someone_like_You_(Adele_song); aufgerufen am 27.5.2024.

Website: »Exclusive: Adele: ›Someone Like You‹ sums up my album«; https://www.digitalspy.com/music/a300781/adele-someone-like-you-sums-up-my-album/; aufgerufen am 27.5.2024.

Website: »Official Single Charts 30 January 2011–5 February 2011«; https://www.officialcharts.com/charts/singles-chart/20110130/7501/; aufgerufen am 27.5.2024.

Website: »Official Charts 6 February 2011–12 February 2011«; https://www.officialcharts.com/charts/singles-chart/20110206/7501/; aufgerufen am 27.5.2024.

Website: »Official Charts 20 February 2011–26 February 2011«; https://www.officialcharts.com/charts/singles-chart/20110220/7501/; aufgerufen am 27.5.2024.

Wikipedia-Seite: »BRIT Awards 2011«; https://en.wikipedia.org/wiki/Brit_Awards_2011; aufgerufen am 27.5.2024.

Stimmprobleme

Wikipedia-Seite: »Adele Live«; https://en.wikipedia.org/wiki/Adele_Live; aufgerufen am 27.5.2024.

White, Danny: *Adele. To 30 And Beyond*, London 2022.

Website: »Adele – Blog – On The Mend«; https://web.archive.org/web/20110817011936/http://www.adele.tv/blog/302/on-the-mend; aufgerufen am 15.5.2024.

Website: »Exclusive: Adele: ›Someone Like You‹ sums up my album«; https://www.digitalspy.com/music/a300781/adele-someone-like-you-sums-up-my-album/; aufgerufen am 27.5.2024.

Auf dem OP-Tisch

Wikipedia-Seite: »Adele«; https://en.wikipedia.org/wiki/Adele; aufgerufen am 27.5.2024.

Wikipedia-Seite: »Steven M. Zeitels«; https://en.wikipedia.org/wiki/Steven_M._Zeitels; aufgerufen am 27.5.2024.

Website: »Adele cancels her tour due to vocal hemorrhaging – is it serious?«; https://www.latimes.com/health/la-xpm-2011-oct-05-la-heb-adele-vocal-hemorrhage-20111005-story.html; aufgerufen am 27.5.2024.

Website: »MGH: Adele To Make Full Recovery After Vocal Surgery«; https://www.cbsnews.com/boston/news/mgh-adele-to-make-full-recovery-after-vocal-surgery/; aufgerufen am 27.5.2024.

Website: »Why voice surgery for vocal haemorrhage did not stop me swearing, by Adele«; https://www.dailymail.co.uk/tvshowbiz/article-2098512/Singer-Adele-Voice-surgery-vocal-haemorrhage-did-stop-swearing.html; aufgerufen am 27.5.2024.

Website: »Adele: ›Throat Operation Was A Success‹«; https://www.capitalfm.com/artists/adele/news/throat-operation-was-success/; aufgerufen am 27.5.2024.

Website: »Adele Cancels U.S. Tour Due to Illness«; https://www.rollingstone.com/music/music-news/adele-cancels-u-s-tour-due-to-illness-247974/; aufgerufen am 27.5.2024.

White, Danny: *Adele. To 30 And Beyond*, London 2022.

Grammy-Regen

White, Danny: *Adele. To 30 And Beyond*, London 2022.

Website: »Adele heimst die drei wichtigsten Grammys ein«; https://www.focus.de/kultur/musik/adele-heimst-die-drei-wichtigsten-grammys-ein-ticker-nachlese-zur-grammy-verleihung-2012_id_2431781.html; aufgerufen am 27.5.2024.

Website: »Adele wins six Grammys«; https://www.ellecanada.com/culture/music/adele-wins-six-grammys; aufgerufen am 27.5.2024.

Website: »Adele Stages Thrilling Grammy Comeback Performance«; https://www.mtv.com/news/zdoic8/grammys-2012-adele-performance; aufgerufen am 27.5.2024.

Die feine englische Art

Smith, Sean: *Adele*, London 2016.

Shapiro, Marc: *Adele. The Biography*, New York 2012.

Wikipedia-Seite: »Brit Awards 2012«; https://en.wikipedia.org/wiki/Brit_Awards_2012; aufgerufen am 27.5.2024.

YouTube-Video: »Adele gives the middle finger after being cut off by James Corden at The Brits«; https://www.youtube.com/watch?v=GEBQot7XzrA; aufgerufen am 27.5.2024.

»Skyfall«

Smith, Sean: *Adele*, London 2016.

Wikipedia-Seite: »Skyfall (song)«; https://en.wikipedia.org/wiki/Skyfall_(song); aufgerufen am 27.5.2024.

Wikipedia-Seite: »Skyfall«; https://en.wikipedia.org/wiki/Skyfall; aufgerufen am 27.5.2024.

Website: »James Bond Wiki: Shirley Bassey«; https://jamesbond.fandom.com/wiki/Shirley_Bassey#James_Bond_Theme_Songs_by_Shirley_Bassey; aufgerufen am 27.5.2024.

Ein Oscar für Adele

Wikipedia-Seite: »85th Academy Awards«; https://en.wikipedia.org/wiki/85th_Academy_Awards; aufgerufen am 27.5.2024.

Website: »Adele Sings ›Skyfall‹ at Oscar 2013: Halle Berry Introduces James Bond Tribute, Shirley Bassey Also Performs«; https://www.eonline.com/news/391260/adele-sings-skyfall-at-oscar-2013-halle-berry-introduces-james-bond-tribute-shirley-bassey-also-performs; aufgerufen am 27.5.2024.

Wikipedia-Seite: »Goldfinger (film)«; https://en.wikipedia.org/wiki/Goldfinger_(film); aufgerufen am 27.5.2024.

Wikipedia-Seite: »James Bond music«; https://en.wikipedia.org/wiki/James_Bond_music; aufgerufen am 27.5.2024.

YouTube-Video: »Adele Adkins and Paul Epworth›s ›Skyfall‹ Wins Best Original Song | 85th Oscars (2013)«; https://www.youtube.com/watch?v=FN0VgWKK7_Q; aufgerufen am 27.5.2024.

Ordensmitglied

Website: »Singer Adele awarded MBE at Palace«; https://www.bbc.com/news/entertainment-arts-25452604; aufgerufen am 27.5.2024.

Wikipedia-Seite: »Order of the British Empire«; https://en.wikipedia.org/wiki/Order_of_the_British_Empire; aufgerufen am 27.5.2024.

Website: »Paul McCartney, Adele, Bono & More Musicians and Music Execs Honored by Queen Elizabeth II«; https://www.billboard.com/lists/musicians-knighted-queen-elizabeth-ii-honors/ed-sheeran-mbe/; aufgerufen am 27.5.2024.

Website: »Zeitsprung: Am 4.11.1963 wird John Lennon frech gegenüber der Queen Mum.«; https://www.udiscover-music.de/popkultur/zeitsprung-4-11-1963-wird-john-lennon-frech-gegenuber-der-queen-mom; aufgerufen am 27.5.2024.

Website: »Adele Beaming as She Receives Royal Honor«; https://people.com/royals/adele-receives-mbe-medal-from-prince-charles/; aufgerufen am 27.5.2024.

Website: »Prinz Charles zeichnet Adele mit Verdienstorden aus«; https://www.spiegel.de/panorama/leute/buckingham-palace-saengerin-adele-mit-verdienstorden-ausgezeichnet-a-940274.html; aufgerufen am 27.5.2024.

Wikipedia-Seite: »List of best-selling albums of the 21st century«; https://en.wikipedia.org/wiki/List_of_best-selling_albums_of_the_21st_century; aufgerufen am 27.5.2024.

»Hello«

Wikipedia-Seite: »Hello (Adele song)«; https://en.wikipedia.org/wiki/Hello_(Adele_song); aufgerufen am 27.5.2024.

White, Danny: *Adele. To 30 And Beyond*, London 2022.

Website: »Adele: Hello video directed by Xavier Dolan«; https://ew.com/article/2015/10/23/adele-hello-video/; aufgerufen am 27.5.2024.

Website: »Adele cast black star in Hello video to address ›police brutality‹«; https://www.theguardian.com/music/2016/dec/09/adele-black-star-hello-video-police-brutality-xavier-dolan-tristan-wilds; aufgerufen am 19.5.2024.

Website: »›Hello‹ Music Director Explains Why Adele Uses That Flip Phone«; https://www.huffpost.com/entry/adele-hello-flip-phone_n_562bd430e4b0aac0b8fd2030; aufgerufen am 27.5.2024.

25

Wikipedia-Seite: »Adele«; https://en.wikipedia.org/wiki/Adele#2015 %E2 %80 %932017:_25; aufgerufen am 27.5.2024.

Wikipedia-Seite: »*25* (Adele album)«; https://en.wikipedia.org/wiki/25_(Adele_album); aufgerufen am 27.5.2024.

Website: »Adele Wiki: Simon Konecki«; https://adele.fandom.com/wiki/Simon_Konecki; aufgerufen am 27.5.2024.

Website: »Adele and Simon Konecki: The Way They Were«; https://www.usmagazine.com/celebrity-news/pictures/adele-simon-konecki-relationship-timeline/; aufgerufen am 27.5.2024.

Website: »Adele's ex-husband Simon Konecki–everything you need to know about the mysterious CEO«; https://www.

womanandhome.com/life/news-entertainment/adeles-ex-husband-simon-koneckieverything-you-need-to-know-about-the-mysterious-ceo/; aufgerufen am 27.5.2024.

Website: »Simon Konecki: 5 Things About Adele's Ex-Husband & Their Divorce«; https://hollywoodlife.com/feature/who-is-simon-konecki-adele-husband-3584898/; aufgerufen am 27.5.2024.

Website: »Adele joins Twitter«; https://www.sheknows.com/entertainment/articles/849087/adele-joins-twitter/; aufgerufen am 27.5.2024.

Website: »Adele premieres ›intimate‹ new song«; https://www.bbc.com/news/entertainment-arts-34613748; aufgerufen am 27.5.2024.

Website: »adele interview: world exclusive first interview in three years«; https://web.archive.org/web/20151107223532/http://i-d.vice.com/en_gb/article/adele-exclusive-full-cover-story-i-d; aufgerufen am 19.5.2024.

Zeitschriftenartikel: *Rolling Stone*, Nr. 254, Dezember 2015, S. 36: »First Lady«.

Wikipedia-Seite: »Water Under the Bridge«; https://en.wikipedia.org/wiki/Water_Under_the_Bridge; aufgerufen am 27.5.2024.

Wikipedia-Seite: »Send My Love (To Your New Lover)«; https://en.wikipedia.org/wiki/Send_My_Love_(To_Your_New_Lover); aufgerufen am 27.5.2024.

Wikipedia-Seite: »All I Ask«; https://en.wikipedia.org/wiki/All_I_Ask; aufgerufen am 27.5.2024.

Website: »Bruno Mars on Working With ›Diva‹ Adele: ›She's Just a Superstar‹«; https://www.billboard.com/music/pop/bruno-mars-adele-diva-superstar-all-i-ask-interview-7556976/; aufgerufen am 27.5.2024.

Wikipedia-Seite: »Million Years Ago (song)«; https://en.wikipedia.org/wiki/Million_Years_Ago_(song); aufgerufen am 27.5.2024.

Wikipedia-Seite: »Adele Live 2016«; https://en.wikipedia.org/wiki/Adele_Live_2016#2017; aufgerufen am 27.5.2024.

Heimspiel im Wembley-Stadion

Wikipedia-Seite: »Adele Live 2016«; https://en.wikipedia.org/wiki/Adele_Live_2016#2017; aufgerufen am 27.5.2024.

Website: »setlist.fm – Adele at Wembley Stadium, London, England, Jun 28 2017«; https://www.setlist.fm/setlist/adele/2017/wembley-stadium-london-england-be4d5de.html; aufgerufen am 27.5.2024.

Website: »setlist.fm – Adele at Wembley Stadium, London, England, Jun 29 2017«; https://www.setlist.fm/setlist/adele/2017/wembley-stadium-london-england-3be4c468.html; aufgerufen am 27.5.2024.

Website: »Adele, Wembley Stadium, review: Superstar bids hometown a long goodbye«; https://www.telegraph.co.uk/music/concerts/adele-wembley-stadium-review-superstar-bids-hometown-long-goodbye/; aufgerufen am 16.5.2024.

Website: »Adele cancels final two Wembley shows«; https://www.bbc.com/news/entertainment-arts-40465871; aufgerufen am 27.5.2024.

Adeles helfende Hand

Wikipedia-Seite: »Grenfell Tower«; https://en.wikipedia.org/wiki/Grenfell_Tower; aufgerufen am 27.5.2024.

Instagram-Post: »Just spotted @Adele and Simon Konecki visiting the Grenfell Tower, she was dressed in an abaya«; https://www.instagram.com/p/BVVql8OgBjs/; abgerufen am 27.5.2024.

Website: »Adele visits Grenfell Tower site after fire«; https://www.bbc.com/news/entertainment-arts-40286420; aufgerufen am 27.5.2024.

Website: »Singer Adele ›comforts and hugs‹ people at vigil for London fire victims«; https://www.irishtimes.com/life-and-style/people/singer-adele-comforts-and-hugs-people-at-vigil-for-london-fire-victims-1.3120792; aufgerufen am 27.5.2024.

Website: »Adele visits Chelsea firefighters to thank them for their work at Grenfell Tower«; https://www.london-fire.gov.uk/news/2017-news/adele-visits-chelsea-firefighters-to-thank-them-for-their-work-at-grenfell-tower/; aufgerufen am 27.5.2024.

Website: »Adele pays tribute to Grenfell victims at Wembley Stadium show«; https://www.bbc.com/news/entertainment-arts-40440509; aufgerufen am 27.5.2024.

Ein Flaggenkauf mit Folgen

Website: »Adele gifts VIP concert access to fan in exchange for Pride flag«; https://uk.news.yahoo.com/adele-gifts-vip-concert-access-110000035.html; aufgerufen am 27.5.2024.

Website: »The story behind Adele's Hyde Park Pride flag«; https://www.bbc.com/news/uk-england-london-62038158; aufgerufen am 27.5.2024.

Website: »setlist.fm – Adele at Wembley Stadium, London, England, Jul 1 2022«; https://www.setlist.fm/setlist/adele/2022/hyde-park-london-england-bb5e936.html; aufgerufen am 20.5.2024.

Website: »setlist.fm – Adele at Wembley Stadium, London, England, Jul 2 2022«; https://www.setlist.fm/setlist/adele/2022/hyde-park-london-england-33b5d44d.html; aufgerufen am 27.5.2024.

TikTok-Video: »Adele waving the pride flag at hyde park day 2«; https://www.tiktok.com/@adelefanpage5/video/711654462207557 9694?lang=de-DE

Wikipedia-Seite: »Pulse nightclub shooting«; https://en.wikipedia.org/wiki/Pulse_nightclub_shooting; aufgerufen am 27.5.2024.

Website: »Adele's Reaction To People Who Are Angry At Her For Wearing A Pride-Themed Dress Is Classic Adele«; https://www.buzzfeed.com/mjs538/adele-pride-response; aufgerufen am 27.5.2024.

Website: »6 times Adele has shown her support for the LGBT community«; https://www.sheknows.com/entertainment/slideshow/6635/times-adele-has-shown-support-for-the-lgbt-community/1/; aufgerufen am 27.5.2024.

Wieder bei *Saturday Night Live*

Website: »Saturday Night Live Wiki: Adele«; https://snl.fandom.com/wiki/Adele; aufgerufen am 27.5.2024.

Website: »Saturday Night Live Wiki: November 16, 2013«; https://snl.fandom.com/wiki/November_16,_2013; aufgerufen am 27.5.2024.

Website: »Saturday Night Live Wiki: May 3, 2014«; https://snl.fandom.com/wiki/May_3,_2014; aufgerufen am 27.5.2024.

VK-Video: »The Worst Cover Songs Of All Time (Saturday Night Live 2013.11.16)«; https://vk.com/video-62637873_166917284; aufgerufen am 27.5.2024.

YouTube-Video: »Celebrity Family Feud: American and International Musicians – SNL«; https://www.youtube.com/watch?v=rKLS2CMNBY; aufgerufen am 27.5.2024.

Website: »Saturday Night Live Wiki: October 24, 2020«; https://snl.fandom.com/wiki/October_24,_2020; aufgerufen am 27.5.2024.

YouTube-Video: »Adele Monologue – SNL«; https://www.youtube.com/watch?v=LlWs87C2B7Q; aufgerufen am 27.5.2024.

YouTube-Video: »Africa Tourism – SNL«; https://www.youtube.com/watch?v=jWTVh4ASpO0; aufgerufen am 27.5.2024.

30

Wikipedia-Seite: »Easy On Me«; https://en.wikipedia.org/wiki/Easy_on_Me; aufgerufen am 27.5.2024.

Website: »Adele and Simon Konecki: The Way They Were«; https://www.usmagazine.com/celebrity-news/pictures/adele-simon-konecki-relationship-timeline/; aufgerufen am 27.5.2024.

Website: »Adele's ex-husband Simon Konecki–everything you need to know about the mysterious CEO«; https://www.womanandhome.com/life/news-entertainment/adeles-ex-husband-simon-koneckieverything-you-need-to-know-about-the-mysterious-ceo/; aufgerufen am 27.5.2024.

Website: »Simon Konecki: 5 Things About Adele's Ex-Husband & Their Divorce«; https://hollywoodlife.com/feature/who-is-simon-konecki-adele-husband-3584898/; aufgerufen am 27.5.2024.

Wikipedia-Seite: »Oh My God (Adele song)«; https://en.wikipedia.org/wiki/Oh_My_God_(Adele_song); aufgerufen am 27.5.2024.

Wikipedia-Seite: »I Drink Wine«; https://en.wikipedia.org/wiki/I_Drink_Wine; aufgerufen am 27.5.2024.

Website: »Adele Reveals the Song She Wrote For James Corden in Emotional Final ›Carpool Karaoke‹: Watch«; https://www.billboard.com/music/music-news/adele-james-corden-final-carpool-karaoke-song-she-wrote-for-him-1235313823/; aufgerufen am 20.5.2024.

Website: »Adele reveals ›I Drink Wine‹ was partly inspired by conversation with James Corden«; https://www.nme.com/news/music/adele-reveals-i-drink-wine-was-partly-inspired-by-conversation-with-james-corden-3434919; aufgerufen am 27.5.2024.

Wikipedia-Seite: »Can I Get It«; https://en.wikipedia.org/wiki/Can_I_Get_It; aufgerufen am 27.5.2024.

Wikipedia-Seite: »Ludwig Göransson«; https://en.wikipedia.org/wiki/Ludwig_G%C3 %B6ransson; aufgerufen am 27.5.2024.

Wikipedia-Seite: »Inflo«; https://en.wikipedia.org/wiki/Inflo; aufgerufen am 27.5.2024.

Website: »Grammy Awards: Adele«; https://www.grammy.com/artists/adele/528; aufgerufen am 27.5.2024.

Ein großzügiges Trinkgeld

Website: »Adele, Harry Styles and James Corden Vacation in the Caribbean«; https://www.eonline.com/news/1107929/adele-harry-styles-and-james-corden-vacation-in-the-caribbean; aufgerufen am 27.5.2024.

Website: »That time Harry Styles, Adele and James Corden vacationed together«; https://www.etalk.ca/celebrity/that-time-harry-styles-adele-and-james-corden-vacationed-together.html; aufgerufen am 27.5.2024.

Wikipedia-Seite: »Saint Thomas, U.S. Virgin Islands«; https://en.wikipedia.org/wiki/Saint_Thomas,_U.S._Virgin_Islands; aufgerufen am 27.5.2024.

Wikipedia-Seite: »Anguilla«; https://de.wikipedia.org/wiki/Anguilla; aufgerufen am 27.5.2024.

Residenz in Las Vegas

Wikipedia-Seite: »Bruno Mars at Park MGM«; https://en.wikipedia.org/wiki/Bruno_Mars_at_Park_MGM; aufgerufen am 27.5.2024.

Wikipedia-Seite: »Bruno Mars at The Chelsea, Las Vegas«; https://en.wikipedia.org/wiki/Bruno_Mars_at_The_Chelsea,_Las_Vegas; aufgerufen am 27.5.2024.

Wikipedia-Seite: »U2:UV Achtung Baby Live at Sphere«; https://en.wikipedia.org/wiki/U2:UV_Achtung_Baby_Live_at_Sphere; aufgerufen am 27.5.2024.

Wikipedia-Seite: »Lady Gaga Enigma + Jazz & Piano«; https://en.wikipedia.org/wiki/Lady_Gaga_Enigma_%2B_Jazz_%26_Piano; aufgerufen am 27.5.2024.

Wikipedia-Seite: »Weekends with Adele«; https://en.wikipedia.org/wiki/Weekends_with_Adele; aufgerufen am 27.5.2024.

Zeitschriftenartikel: *Gala*, Nr. 47, 17. November 2022, S. 16: »Comeback & Abschied«

Adele in München

Instagram-Post: »So a few months ago I got a call about a summer run of shows«; https://www.instagram.com/p/C2wW3tRuUND/; abgerufen am 27.5.2024.

Website: »Das Pop-up-Stadion von Adele hat eine zweifelhafte Ökobilanz«; https://www.srf.ch/kultur/musik/adele-in-muenchen-das-pop-up-stadion-von-adele-hat-eine-zweifelhafte-oekobilanz; aufgerufen am 27.5.2024.

ÜBER DEN AUTOR

Timon Menge ist freischaffender Autor, Übersetzer und Musikjournalist. Nachdem er unter anderem als Kfz-Mechaniker und in einem Pflegedienst tätig war, studierte er Sozialwissenschaften an der Ruhr-Universität Bochum und folgte schließlich seiner Berufung als Autor. Seitdem verfasst er regelmäßig Texte und Beiträge für diverse Auftraggeber, darunter WDR, RADIO BOB!, das Wacken Open Air und Universal Music.

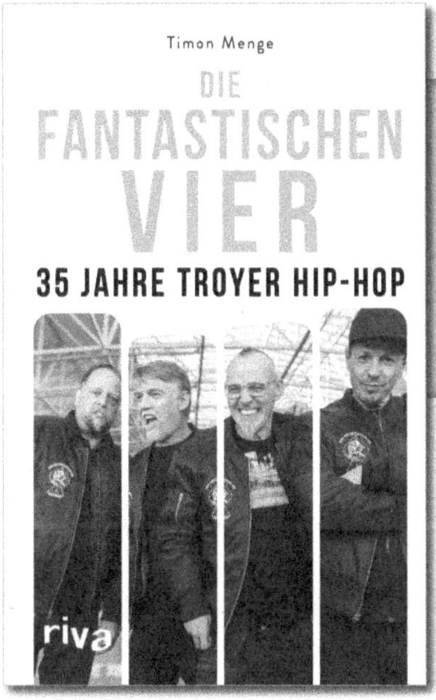

Auch als **E-Book** erhältlich

144 Seiten
10,00€ (D) | 10,30€ (A)
ISBN 978-3-7423-2636-2

Timon Menge

Die Fantastischen Vier – 35 Jahre troyer Hip-Hop

Sie wurden »Mit freundlichen Grüßen« »Geboren« und blieben uns »Troy« – mit ihren Hits haben Die Fantastischen Vier die deutsche Popkultur so stark geprägt wie kaum eine andere Band. Ob »Die da!?!« oder »Sie ist weg« aus den Anfangszeiten oder aktuelle Stücke wie »Zusammen«: Die Songs von Fanta 4 sind Ohrwürmer im besten Sinne – und die Band ist aus der deutschen Musikwelt kaum mehr wegzudenken, wenn sie nicht gar zum nationalen Kulturgut gehört. In 35 Jahren haben die Vier aus Stuttgart einiges erlebt und die Popularisierung des deutschen Hip-Hops maßgeblich vorangetrieben. Der Musikjournalist Timon Menge hat die besten Geschichten der sympathischsten Band der Welt kenntnisreich und höchst originell zusammengetragen.
Jetzt geht's ab!

riva